STATUTS

ET

REGLEMENTS GÉNÉRAUX

DE L'HÔTEL-DIEU

DE LA VILLE DE LYON.

STATUTS

ET

REGLEMENTS GÉNÉRAUX

DE L'HÔPITAL GÉNÉRAL

DE NOTRE-DAME DE PITIÉ DU PONT DU RHÔNE

ET GRAND HÔTEL-DIEU

DE LA VILLE DE LYON.

A LYON,

De l'Imprimerie d'AIMÉ DELAROCHE, seul Imprimeur-Libraire ordinaire de Monseigneur le Duc de VILLEROY, de la Ville, du Gouvernement, & de l'Hôpital général & grand Hôtel-Dieu de Lyon.

M. DCC. LVII.

TABLE

DES CHAPITRES CONTENUS EN CE LIVRE.

TABLE.

TABLE

STATUTS

ET

RÉGLEMENTS GÉNÉRAUX

De l'Hôpital général de Nôtre-Dame de Pitié du Pont du Rhône & grand Hôtel-Dieu de la Ville de Lyon.

FONDATION ET INSTITUTION

de l'Hôpital de Lyon.

L'Hôpital général & grand Hôtel-Dieu de Lyon a toujours été diftingué entre tous les autres Hôpitaux du Royaume & même de l'Europe, foit à caufe de l'ancienneté de fa Fondation qui remonte aux premiers temps de la Monarchie, & qui eft l'ouvrage

A

de la piété de l'un de ſes plus grands Rois , ſoit par rapport au grand nombre d'œuvres de charité qui s'y ſont toujours exercées , ſoit enfin parce qu'il a ſervi d'exemple & de modele à tous les autres établiſſements du même genre , qui ont depuis été formés dans le Royaume.

Comme les Titres de Fondation de cet Hôpital n'ont pu échapper à l'injure des temps & aux différents changements qui ſont ſucceſſivement arrivés dans la forme de ſon adminiſtration , il n'eſt pas poſſible d'en connoître aujourd'hui l'époque préciſe , & de la fixer d'une maniere certaine ; mais l'ancienneté de cette époque ſe trouve aſſurée par des monuments auſſi reſpectables, qu'authentiques ; ce ſont les Actes du cinquieme Concile d'Orléans, tenu ſous le Pape Vigile , le vingt-huit Octobre de l'année 549 , auquel préſida Saint Sacerdos , Archevêque de Lyon. Il paroît par les Actes de ce Concile qu'il confirma la Fondation faite par le Roi Childebert & la Reine Ultrogotte ſa femme , de l'Hôpital de Lyon ; qu'il défendit à l'Evêque de cette ville & à ſes Succeſſeurs, de ſe rien attribuer ni à leur Egliſe , des Biens qui lui appartenoient ou qui pourroient lui appartenir dans la ſuite ; & qu'il preſcrivit que l'on y entretînt le nombre des malades ordonné , & que l'on y reçût les étrangers. Un témoignage auſſi ſolemnel établit de la maniere la plus certaine , & l'ancienneté de la Fondation de l'Hôpital de Lyon, & l'avantage qu'il a d'être redevable de ſon établiſſement à la piété du Roi Childebert & de la Reine ſa femme.

Voyez l'Hiſtoire Eccléſiaſtique de M. Fleury, Edition de Bruxelles , Tome 7. l. 33. page 405. & ſuivantes. Ruby, Hiſt. de Lyon. P. 205. S. Aubin. Hiſtoire de la même Ville , Section 5. Page 277.

D E Xenodochio quod piiffimus Rex Childebertus & conjugalis fua Oltrogotha Regina in Lugdunenfi urbe , infpirante Domino , condiderunt , cujus inftitutionis ordinem vel exfcriptionem , petentibus ipfis , manuum noftrarum fubfcriptione firmavimus , Vifum eft nobis pro Dei contemplatione junctis nobis in unum permanfura authoritate decernere , ut quidquid præfato Xenodochio , aut per fupradictorum Regum oblationem , aut per quorumcumque Fidelium eleemofinam collatum aut conferendum eft, in quibufcumque rebus atque corporibus , nihil exinde Antiftes Ecclefiæ Lugdunenfis revocet , aut ad jus Ecclefiæ transferat : ut fuccedentes fibi per temporum ordinem Sacerdotes non folùm de facultate Xenodochii ipfius , aut de confuetudine vel inftitutione nihil minuant, fed dent operam qualiter res , & ipfius ftabilitas , in nullam partem detrimentum aut diminutionem aliquam patiatur ; providentes ad intuitum tributionis æternæ , ut præpofiti femper ftrenui ac Deum timentes decedentibus fubftituantur , & cura ægrotantiium , ac numerus vel exceptio peregrinorum fecundùm indictam inftitutionem inviolabili femper ftabilitate permaneat. Quòd fi quis quolibet tempore contra inftitutionem noftram venire tentaverit , aut aliquid de confuetudine vel facultate Xenodochii ipfius abftulerit, ut Xenodochium (quod avertat Deus) effe definat, ut necator pauperum irrevocabili anathemate feriatur.

LES premiers Adminiftrateurs de cet Hôpital furent des perfonnes laïques ; ce qui continua jufques au commencement du 13e. fiecle , que Pierre de Savoye étant Archevêque de Lyon , cette adminiftration fut confiée aux Abbés & Religieux d'Hautecombe , & fucceffivement à ceux de l'Abbaye de la Chaffaigne , qui la conferverent jufques en l'année 1486, qu'ils prirent le parti de la céder aux Sieurs Echevins de la ville de Lyon , avec tous les Biens qui appartenoient à l'Hôpital.

En conféquence de ce tranfport, qui fut ratifié &

Hiftoire de Lyon du P. de Colonia page 325. & fuivantes.

confirmé par une Bulle du Pape Sixte IV. les Echevins régirent eux-mêmes l'Hôpital jusques en l'année 1583, que les différentes fonctions & la multitude des affaires dont ils se trouvoient chargés à cause de l'augmentation considérable du nombre des Habitants de la Ville, ne leur permettant plus de donner leurs soins à l'administration de l'Hôpital, ils déterminerent de la confier à l'avenir à un certain nombre de Citoyens qui seroient choisis dans les différents Ordres de la Ville. Leur nombre ne fut d'abord que de six, il fut depuis porté à douze en 1630, & enfin à quatorze. Les Echevins en remettant entre les mains de ces Citoyens l'administration de l'Hôpital, s'en réserverent cependant la qualité & toutes les fonctions de Recteurs primitifs, & spécialement le droit de présider à l'Examen & à la vérification des Comptes de la Recette & Dépense des revenus de l'Hôpital, de même que la nécessité de leur consentement pour l'aliénation des Immeubles qui en formoient le patrimoine.

Nos Rois en qualité de Fondateurs de cet Hôpital ont bien voulu le favoriser des Privileges les plus distingués. François I. par ses Lettres - Patentes du 25 Février 1530, exempta les Biens qui lui appartenoient, de toutes sortes d'Impositions & de Subsides, & il affranchit de tous droits de Péages les Denrées & les Marchandises destinées pour l'usage des Pauvres qui y seroient reçus. Henry II. confirma les mêmes Privileges par des Lettres - Patentes de l'année 1547. Louis XIII. par autres Lettres - Patentes du mois d'Août 1618,

& Novembre 1620, accorda aux Adminiſtrateurs de l'Hôtel-Dieu le droit de choiſir un Compagnon Pharmacien & un Compagnon Chirurgien pour être employés au ſervice des Pauvres ; & il ordonna que pour prix de leur ſervice pendant ſix années entieres & conſécutives, ils obtiendroient la maîtriſe dans l'Art de la Pharmacie & dans celui de la Chirurgie, ſans être ſujets aux formalités preſcrites par les Statuts & Réglements de ces deux Communautés, & ſans aucuns frais. Ce même Roi accorda encore à l'Hôpital de Lyon des droits d'Octrois ſur tous les Vins qui entroient dans cette Ville. LOUIS XIV. de glorieuſe mémoire confirma & augmenta ces mêmes Droits par différentes Lettres-Patentes, par leſquelles il voulut bien prendre cet Hôpital & tous les Biens qui en dépendoient ſous ſa protection particuliere, comme étant de Fondation Royale. Enfin SA MAJESTE' heureuſement régnante, après avoir confirmé par ſes Lettres-Patentes du mois d'Août 1716, tous les Privileges accordés à l'Hôpital de Lyon par les Rois ſes prédéceſſeurs, a bien voulu y en ajouter encore de nouveaux ; tels que l'exemption des droits d'Indemnité, d'Amortiſſement, de Franc-Fief & nouveaux Acquets, d'Inſinuation & centieme Denier, de Dixieme, Capitation, Dons-Gratuits & autres Impoſitions quelles qu'elles ſoient, de même qu'un Affranchiſſement général de toutes Charges publiques, & ſpécialement du Logement des Gens de Guerre dans toutes les Maiſons & Domaines qui appartiennent aux Pauvres de l'Hôtel-Dieu.

A iij

LES Souverains Pontifes n'ont pas traité avec moins de faveur l'Hôpital de Lyon. Le Pape URBAIN III. par différentes Bulles des années 1185 & suivantes mit cet Hôpital & les Biens qui en dépendoient sous la protection spéciale du Saint-Siege ; CLEMENT III. lui accorda l'exemption des Dîmes pour tous les Fonds qui lui appartenoient ; INNOCENT IV. en confirmant cette Immunité par une Bulle de l'année 1243, accorda une Indulgence pléniere à ceux qui visiteroient l'Hôpital de Lyon, depuis le jour du Dimanche des Rameaux jusques au lendemain de la Fête de Pâques : le Pape SIXTE IV. par une Bulle de l'année 1480, permit de garder le Saint-Sacrement dans l'Eglise de l'Hôtel-Dieu , & il accorda aux Prêtres qui le déserviroient le droit d'administrer dans la Maison les Sacrements de Baptême , de Pénitence , d'Euchariftie & d'Extrême-Onction; il leur attribua de même le droit de faire les Enterrements des Malades qui décéderoient dans l'Hôpital , ou des personnes qui y choisiroient leur sépulture ; & il permit l'usage du Beurre & du Lait dans l'étendue du Diocese de Lyon pendant le temps du Carême, à la charge que ceux qui en useroient , donneroient six deniers chacun au Pauvres de l'Hôpital. Cette même faculté subsiste encore aujourd'hui sous la même condition. Nosseigneurs les Archevêques de Lyon donnent chaque année un Mandement par lequel ils ordonnent le paiement de cette modique aumône en faveur des Pauvres de l'Hôpital. La perception en est faite par les Curés des différentes Paroisses dépendantes du Diocese , qui doivent remettre les deniers qui en proviennent aux Sieurs Archiprêtres. Ces derniers prennent soin de les faire paſſer dans les mains du Tréſorier de l'Hôtel-Dieu avec une note de ce qu'ils ont reçu de chaque Curé.

DEPUIS que le Gouvernement de Lyon a paſſé dans l'illuſtre maiſon de Villeroy, cette maiſon auſſi juſtement recommandable par ſa piété que par les ſervices importants qu'elle a rendu à l'Etat, & par un attachement inviolable & héréditaire pour la perſonne ſacrée de nos Rois, a toujours favoriſé l'Hôpital de Lyon de la protection la plus particuliere & en même-temps la plus avantageuſe. Elle a employé ſon crédit à lui faire obtenir la plus grande partie des Privileges dont il jouit, ou à les défendre & à les ſoutenir lorſqu'ils ont été attaqués. Elle a contribué par des Bienfaits & des Libéralités conſidérables à la conſtruction de ſes vaſtes Edifices, & elle a toujours fait ſervir ſon autorité à maintenir l'ordre de ſon adminiſtration, & à procurer l'exécution de ſes Réglements, toutes les fois que l'on a entrepris d'y donner atteinte.

LE nombre des Malades qui ſont reçus dans l'Hôpital de Lyon, ayant ſucceſſivement augmenté à proportion de l'accroiſſement qui eſt arrivé dans celui des Habitants de cette grande Ville, l'on s'eſt vu dans la néceſſité d'augmenter en différents temps l'étendue des Bâtiments qui en dépendent, & l'on n'a rien négligé pour les diſpoſer de la maniere la plus convenable pour le ſervice & pour le rétabliſſement de la ſanté des Malades : les Salles ou Infirmeries déſtinées à recevoir les Bleſſés ſont abſolument ſéparées de celles où ſont reçus les Malades qui ſont atteints de la fievre; il y a des Appartements particuliers pour ceux à qui l'on eſt obligé de faire des opérations conſidérables , d'autres pour les Femmes & les Filles en couche , d'autres pour les Malades qui commencent à recouvrer la ſanté; il y a de même des Appartements particuliers pour ceux qui ſont attaqués de maux vénériens, d'autres pour les Enfants, d'autres pour les Malades Incurables que l'on eſt obligé de recevoir & de garder pendant leur vie, en conſéquence de différentes Fondations qui ont été faites pour des Malades de ce genre; il y a enfin des Chambres voûtées qui ſont deſtinées à renfermer les Furieux & les Inſenſés pendant le temps qu'on leur fait les remedes convenables pour leur guériſon.

L'Hopital jouit de l'avantage d'être ſitué ſur le fleuve du Rhône, vis-à-vis d'une vaſte Campagne qui eſt de l'autre côté de ce Fleuve : cette ſituation en lui procurant un air beaucoup plus pur que s'il étoit placé dans l'intérieur de la Ville, lui fournit en même-temps les commodités néceſſaires pour le tranſport d'une partie des Marchandiſes & des Denrées qui s'y conſomment.

L'Hotel-Dieu de Lyon eſt ouvert aux Malades de tout âge , de tout ſexe & de toute condition ; non-ſeulement à ceux de la Ville & des Provinces voiſines ou du Royaume, mais encore à ceux de toutes les Nations , de quelque genre de maladies curables qu'ils ſoient atteints. Dès qu'ils ſe préſentent ils ſont ſur le champ

champ examinés par les Médecins, ou par le Chirurgien ;
s'ils fe trouvent dans le cas d'être reçus, ils font infcrits
fur un Regiftre tenu par le Portier de la Maifon, qui
y défigne leur nom, leur âge, leur profeffion, le lieu de
leur naiffance & celui de leur réfidence ordinaire s'ils en
ont une, & ils font conduits dans les Appartements
où la qualité de leur maladie exige qu'ils foient traités.
Le nombre ordinaire en eft toujours très-confidérable,
dans une Ville prefque toute compofée d'Ouvriers qui
n'ont de reffource pour leur fubfiftance que dans leur
travail ; il augmente chaque jour fuivant les différentes
circonftances de la rigueur des Saifons, des maladies
populaires, ou des paffages de Troupes plus fréquents.

LES Pauvres Femmes, foit de la Ville ou étrangeres,
& les Filles enceintes font reçues à faire leurs couches
dans l'Hôtel-Dieu, & elles y font gardées jufques à leur
parfait rétabliffement : l'Hôpital donne auffi aux Femmes
de la Ville dont l'indigence eft reconnue, un fecours de
40. 50. & jufques à 60. fols par mois pour les aider à
nourrir leurs Enfants jufques à ce qu'ils foient parvenus
à l'âge de quinze mois.

LES Soldats malades, bleffés, ou fatigués de leur route,
font reçus dans l'Hôpital, qui leur fournit tous les
fecours dont ils ont befoin, fans rien exiger de leur
folde.

LES Furieux & les Infenfés dont la démence peut être
fufceptible de guérifon y font de même reçus, & on
leur fait tous les remedes convenables à leur état.

B

L'HÔPITAL ne fe borne point à fournir aux Malades qui font reçus dans la maifon, les remedes néceffaires ; il en fait encore diftribuer gratuitement, trois fois par femaine, à tous les Malades de la Ville ou de la Campagne qui fe préfentent, & dont les indifpofitions n'exigent pas qu'ils foient reçus dans l'Hôpital, ou qui ne veulent pas y entrer ; ces remedes ne font diftribués que fur l'ordonnance de l'un des Médecins de l'Hôtel-Dieu qui examine en particulier l'état de chaque Malade.

L'HÔPITAL reçoit & adopte tous les Enfants des pauvres Habitants de la Ville qui ont perdu leurs Peres & Meres avant d'avoir atteint l'âge de fept ans ; il reçoit jufques au même âge les Enfants abandonnés par leurs Parents, de même que les Enfants expofés & les Bâtards ; il les fait élever à la Campagne , & il fournit tout ce qui eft néceffaire pour leur nourriture & entretien, jufqu'à ce qu'ils aient atteint l'âge auquel ils doivent paffer dans l'Hôpital de la Charité fuivant les Réglements faits entre ces deux Hôpitaux. Le nombre ordinaire des Enfants qui font à la charge de l'Hôtel-Dieu, eft toujours au deffus de celui de trois mille.

L'HÔPITAL contribue encore à la nourriture des Femmes & des Filles débauchées, qui font renfermées dans la Maifon de Force ; il paye chaque année une partie de la dépenfe de cette nourriture , dont le compte eft examiné & arrêté en préfence de deux des Recteurs de l'Hôtel-Dieu.

L'HÔPITAL entretient enfin dans l'un des Fauxbourgs

de la Ville, appellé la Guillotiere, une Maifon qui eft uniquement deftinée à recevoir les Pauvres-Paffants. Tous ceux qui s'y préfentent chaque jour y font reçus: on leur donne à fouper, on leur fournit des Lits, & ils y font gardés jufques au lendemain.

Tant d'objets qu'embraffe l'Adminiftration de l'Hôpital, éxigeroient des reffources proportionnées à la multiplicité des différents genres de fecours qu'il fournit; il n'a pas cependant à beaucoup près des Revenus fuffifants pour faire face aux Dépenfes dont il eft chargé, & il n'y peut fuppléer que par les avances confidérables que font chaque année fes Adminiftrateurs, & par les Dons & les Libéralités des Citoyens.

Ses Revenus ordinaires confiftent dans le produit de quelques Immeubles, tant dans la Ville que dans la Campagne, dans les Droits d'Octrois que nos Rois ont bien voulu lui accorder fur les Vins qui entrent dans la Ville; dans le Droit exclufif qu'il a conjointement avec l'Hôpital de la Charité, de faire vendre pendant le Carême toutes les Viandes de Boucherie, Volailles & Gibiers qui fe confomment dans la Ville & Fauxbourgs de Lyon, dans les Droits qui lui ont été attribués fur les réceptions des Maîtres dans les différentes Communautés d'Arts & Métiers de la Ville, & enfin dans les Amendes & Confifcations qui font prononcées en faveur des Pauvres de l'Hôtel-Dieu : l'Hôpital tient encore de la bonté de nos Rois une Conceffion de Franc-Salé; il eft affranchi de tous droits d'Aides, Gabelle & Entrées pour

B ij

tous les Vins qui fe confomment dans la Maifon ; mais fa reffource la plus affurée a toujours été, comme elle le fera toujours, dans le cœur des Citoyens de cette Ville qui s'emprefferont dans tous les temps de foutenir par leurs Bienfaits un établiffement dont ils connoiffent tous les avantages & toute la néceffité, qui ne fçauroit fubfifter fans ce fecours, & qui eft le monument le plus glorieux de la piété de leurs Peres, & de leur amour pour la Patrie.

CHAPITRE PREMIER.

D E l'Etat général de l'Adminiſtration de l'Hôpital, des Obligations communes à tous les Recteurs, & de la Forme de leur Election.

L'ADMINISTRATION de l'Hôtel - Dieu eſt confiée à quatorze Recteurs qui ſont choiſis entre les principaux Citoyens de la Ville ; le temps ordinaire de leur ſervice eſt de deux années.

LE premier eſt toujours un de MM. les Magiſtrats, ou Gens du Roi en la Cour des Monnoies, Sénéchauſſée & Préſidial de Lyon, qui préſide dans toutes les Aſſemblées du Bureau.

LE ſecond eſt toujours un Avocat, qui préſide de même en l'abſence du premier Recteur.

LE troiſieme eſt toujours un Exconſul , qui préſide auſſi en l'abſence des deux premiers Recteurs.

LA quatrieme place eſt donnée au Recteur Tréſorier, en conſidération des Avances qu'il eſt obligé de faire ; il préſide de même en l'abſence des trois premiers Recteurs.

CES quatre Recteurs occupent toujours la même place dans le Bureau ; les dix autres prennent ſéance ſuivant le rang que leur donne l'ancienneté de l'âge ; ils préſident dans le même ordre, en l'abſence des quatre premiers Recteurs , de maniere cependant que les anciens

Recteurs précedent toujours les nouveaux ; & s'il s'élevoit quelque difficulté fur l'ordre de la Séance, elle doit être décidée par le Bureau à la pluralité des voix.

LES différentes fonctions qu'embraffe l'Adminiftration de l'Hôpital, font diftibuées au commencement de chaque année entre tous les Recteurs ; l'on en dreffe un Acte qui eft figné par le Bureau, de même que par le Secrctaire, & qui eft infcrit fur le Regiftre des Délibérations.

LA fonction du premier Recteur eft de préfider à toutes les Affemblées du Bureau, & de récueillir les voix fur tous les Objets qui font mis en délibération.

L'AVOCAT eft toujours chargé du foin des Affaires litigieufes, & autres qui concernent le temporel de l'Adminiftration.

L'EXCONSUL eft de même toujours chargé du foin de l'Entretien tant des Bâtiments de l'Hôtel-Dieu que des Maifons qui lui appartiennent dans l'enceinte de la Ville.

LE Tréforier eft chargé de la Recette de toutes les fommes qui appartiennent ou qui font dues à l'Hôpital, & de faire tous les paiements ordonnés par le Bureau.

UN autre a la direction des Domaines & Maifons qui font du côté des portes de Saint-George & de Saint-Juft, & dans la Province de Dauphiné.

UN autre eft chargé de la régie des Domaines qui font du côté de Vaize & de la Croix-Rouffe.

UN autre eft chargé du foin de tout ce qui concerne l'intérieur de la Maifon, de fournir les Meubles néceffaires pour les Malades, Officiers & Domeftiques, & de veiller fur la conduite de tous ceux qui font employés au fervice de l'Hôpital.

Un autre a la direction de la Chirurgie & de la Pharmacie, & il eft fpécialement chargé de pourvoir aux achats des Drogues, & de veiller fur la conduite des Garçons Chirurgiens.

Un autre eft chargé du foin de faire les Provifions de Vin néceffaires pour l'ufage de l'Hôpital.

Un autre, de tout ce qui concerne la Sacriftie, l'exécution des Fondations, les grands Livres, & les Provifions de Bois & Charbons.

Un autre eft chargé de pourvoir à toutes les Provifions néceffaires pour la Cuifine.

Un autre a la charge de prendre foin des Enfants expofés ou abandonnés, des Bâtards & des Nourrices.

Un autre eft chargé du Contrôle des droits d'Entrées qui fe perçoivent fur les Vins.

Un autre doit pourvoir à la provifion des Bleds, à la direction des Farines, & veiller fur tout ce qui concerne la Boulangerie.

Tous enfin font tenus en général de fe donner tous les foins néceffaires pour l'adminiftration & la confervation des Biens qui forment le Patrimoine de l'Hôpital.

Les Revenus de cette Maifon n'étant pas fuffifants pour fournir aux dépenfes immenfes dont elle eft chargée, les Recteurs y fuppléent en partie par les Avances confidérables dont ils fe font impofé la loi par une Délibération prife par le Bureau le 7. Janvier 1731, par laquelle on a changé la forme des Avances qui se faisoient précédemment. Tous les Recteurs, à l'exception de l'Officier en la Cour des Monnoies, de l'Avocat, & du Trésorier, font au commencement de leur Service une Avance gratuite de la somme de 16000 liv. dont ils ne reçoivent le remboursement qu'après que le temps de leur administration est expiré. Indépendemment de cette Avance commune à tous, chacun d'eux est obligé de faire en particulier toutes celles qui sont nécessaires, relativement aux différents Emplois dont ils sont chargés, desquelles ils ne reçoivent le remboursement qu'à la fin de chaque mois, sur l'état qu'ils en présentent au Bureau. Le Trésorier est tenu d'avancer de même gratuitement jusqu'à la somme de 100000 livres si les besoins de l'Administration l'exigent ; il est remboursé par son Successeur de la somme dont il se trouve en avance à la fin du temps de son service.

Tous les Dimanches & les Mercredis de l'année, les Recteurs tiennent Bureau dans une Salle de l'Hôtel-Dieu destinée à cet usage ; ils entrent le Dimanche à neuf heures du matin, & le Mercredi à quatre heures après midi. Ils doivent s'y rendre avec assiduité aux heures fixées, & n'y entrer qu'en habit de cérémonie. Le Bureau assiste à la Bénédiction du Saint-Sacrement qui se donne tous les Mercredis, suivant la Fondation qui en a été faite.

Les Recteurs étant assemblés au Bureau, celui qui préside, récite le *Veni sanĉte Spiritus* & l'Oraison ordinaire ;

l'on

l'on commence par la lecture & la fignature des Mandats, après laquelle chacun des Recteurs par ordre de Séance propofe ce qu'il croit convenir au bien & à l'avantage des Pauvres. Le Préfident recueillit les voix; & les Délibérations prifes à la pluralité des fuffrages font rédigées par écrit fi la matiere le mérite, & fignées par tous les Recteurs. La Séance dure jufqu'à ce que toutes les Affaires qui ont été propofées, foient terminées ; on la finit par le Pfeaume *Laudate Dominum omnes gentes* , qui eft de même récité par celui qui a préfidé au Bureau.

Le foin des Malades devant former le principal objet de ceux qui font appellés à l'adminiftration de l'Hôpital, chaque jour de la femaine deux Recteurs alternativement & felon l'ordre qui en eft arrêté au commencement de l'année, affiftent à la vifite des Malades avec les Médecins & les Chirurgiens. Cette vifite fe fait à fept heures du matin en été , & à huit heures en hyver ; après la vifite des Malades, ces deux Recteurs doivent faire encore celle des principaux Appartements de la Maifon , tels que ceux des Nourrices, des Enfants, des Officiers, la Boutique du Boulanger, du Charpentier & autres , afin de pourvoir à tout ce qui eft néceffaire ; & fi pendant le cours de leur vifite, ils remarquent quelque chofe qui leur paroiffe mériter que le Bureau en foit informé, ils en rendent compte à la premiere affemblée.

Outre les Vifites qui fe font chaque jour, le matin, il a paru convenable d'en faire quelques-unes dans d'autres temps; & à cet effet, au dernier Bureau de chaque mois, il

C

doit être affigné à chacun des Recteurs, un jour du mois fuivant, auquel il vifitera, à telle heure de l'après midi qu'il voudra choifir, tous les Appartements de l'Hôpital, pour reconnoître fi les Officiers & Domeftiques de la Maifon s'acquittent exactement des Emplois dont ils font chargés, & s'il n'y a aucune négligence de leur part, principalement dans ce qui concerne le fervice des Malades.

Les Recteurs devant donner l'exemple de l'obfervation des devoirs de Religion & de Piété, il eft de regle que le troifieme Dimanche de chaque Mois, jour auquel toutes les perfonnes de la Maifon doivent approcher des Sacrements, l'un des Recteurs, fuivant l'ordre de Séance, communie avec tous ceux dont la Communauté eft compofée.

A la fin de chaque année, l'on tient un Bureau extra-ordinaire, où tous les Recteurs étant affemblés, les Comptes particuliers de ceux qui ont fait des Avances pendant le cours de l'année, font vérifiés & apurés par deux autres Recteurs; ces Comptes après avoir été arrêtés & fignés par les deux Recteurs qui en ont fait la vérifi-cation & l'examen, font remis aux Archives avec toutes les Pieces juftificatives des Paiements dont ils contien-nent le détail; le Compte général du Tréforier eft vérifié & apuré trois mois après la fin de fon adminiftration, tant par MM. les Prévôt des Marchands & Echevins, que par tous les Recteurs, dans une affemblée extraordi-naire qui eft tenue à cet effet dans la Salle du Bureau;

les Pieces juſtificatives en ſont de même dépoſées aux Archives de l'Hôpital.

COMME les Dons & les Libéralités des Citoyens forment l'une des principales reſſources de l'adminiſtration de l'Hôtel-Dieu, le Bureau doit députer, chaque année, deux Recteurs chez tous MM. les Notaires de la Ville pour les inviter à donner avis avec exactitude de tous les Dons & Legs qui pourront être faits à l'Hôpital dans les Actes qu'ils recevront ; le Tréſorier eſt ſpécialement chargé de veiller à ce que cette invitation ſoit exactement faite chaque année.

LE Bureau doit de même faire inviter, chaque année, les Prédicateurs du Carême, d'exhorter les Citoyens à faire des Aumônes aux Pauvres de l'Hôpital , & à ſatisfaire avec exactitude au paiement de la modique ſomme qui doit être payée à l'Hôtel-Dieu pour l'uſage du Beurre & du Lait pendant le temps de Carême.

IL eſt auſſi d'uſage, de deux en deux ans , de prier des Dames ou Demoiſelles des plus diſtinguées de chaque Quartier, de vouloir bien faire la Quête pour les Pauvres de l'Hôpital pendant le Carême ; elles y ſont invitées par un Billet de la part du Bureau , & le produit de leur Quête eſt remis entre les mains du Tréſorier de l'Hôtel-Dieu.

LE temps ordinaire du ſervice des Recteurs étant de deux années , l'on procede tous les ans à la nomination de ſept nouveaux Recteurs , à l'effet de remplacer les ſept anciens qui ont exercé cette Fonction pendant deux ans;

il est d'usage que cette Nomination se fasse pendant le cours du mois de Juillet.

Le Bureau étant assemblé, chacun des Recteurs dont le temps du service doit expirer à la fin de l'année, propose trois sujets pour lui succéder ; il inscrit leurs noms sur un papier, lequel étant présenté aux autres Recteurs, ils donnent leurs suffrages à celui des trois Sujets proposés dont le choix leur paroît le plus avantageux au bien de l'Administration.

L'Election étant faite, le Recteur Exconsul & le Trésorier sont députés pour la communiquer à MM. les Prévôt des Marchands & Echevins ; la Nomination doit être tenue secrette jusques à ce qu'ils l'aient approuvée; après quoi le Bureau prend un jour convenable pour faire part aux nouveaux Recteurs du choix qui a été fait de leurs personnes.

Le premier Dimanche après la Fête des Rois, les nouveaux Recteurs sont conduits au Bureau par ceux qui sont prêts à sortir de charge : lorsqu'ils sont tous assemblés, les anciens Recteurs prennent leurs Places ordinaires, & ceux qui doivent leur succéder, sont placés sur des sieges à côté d'eux. Après la lecture & la signature des Mandats, les Recteurs dont le temps du service est expiré, font présent aux Pauvres de telle somme qu'ils jugent à propos, & ils se retirent accompagnés par les Recteurs qui restent en Charge. Après que ceux-ci sont rentrés dans le Bureau, ils y prennent leurs places avec les nouveaux Recteurs, dans le rang & l'ordre de Séance qui ont été expliqués;

l'on procede fur le champ à la diftribution des fonctions différentes dont chacun des Recteurs doit être chargé pendant le cours de l'année.

S'il arrive que l'un des Recteurs vienne à décéder pendant le temps de fon fervice, la nomination de celui qui doit lui fuccéder appartient au Confulat ; & à cet effet le Recteur Exconful & le Tréforier font députés auprès de MM. les Prévôt des Marchands & Echevins pour leur faire part de cet événement ; le Confulat pourvoit, auffitôt qu'il eft poffible, à la nomination du Recteur qui doit prendre la place de celui qui eft décédé.

Le Confulat nomme auffi le prépofé au Secretariat de l'Hôpital fur la préfentation qui en eft faite par le Sr. Secretaire de la Ville.

CHAPITRE II.

Des Fonctions du premier Recteur.

LE premier Recteur est toujours l'un de MM. les Magistrats, ou Gens du Roi en la Cour des Monnoies, Sénéchaussée & Présidial de Lyon ; il préside dans l'Assemblée des autres Recteurs, & porte la parole dans toutes les occasions ; il propose tout ce qu'il juge convenable au bien des Pauvres, & à l'avantage de l'Administration ; il recueillit les avis, & prononce ce qui est arrêté à la pluralite des voix.

Il doit concourir avec les autres Recteurs dans tout ce qui concerne le soulagement des Pauvres ; il assiste aux Quêtes qui se font pour eux dans l'Hôpital & ailleurs, dans les jours solemnels.

Il doit employer son autorité à faciliter & à accélérer la conclusion des Affaires dans lesquelles les Pauvres sont intéressés, & sa prudence à prévenir tout ce qui pourroit altérer l'union qui doit régner dans le Bureau.

CHAPITRE III.

Des Fonctions du Recteur Avocat.

LE Recteur Avocat occupe la seconde place dans le Bureau; il est toujours choisi entre les Avocats les plus distingués de la Ville ; il préside en l'absence du premier Recteur , & il remplit les mêmes Fonctions , soit à porter la parole pour la Compagnie , soit à recueillir les voix, & à résoudre , à la pluralité des Suffrages, toutes les Affaires qui se présentent.

Il a la Direction des Archives , dont il a une clef en son pouvoir; il doit veiller avec soin lorsque quelqu'un en retire des Titres & Papiers à en faire note, & à l'en faire charger sur le Registre destiné à cet usage; il doit de même lorsque les Titres sont remis dans les Archives , prendre soin d'en faire mention sur le même Registre.

Il doit faire tenir par le Secretaire , ou les Agents de l'Hôtel-Dieu , un Livre sur lequel l'on transcrive exactement toutes les Lettres qui sont écrites pour les Affaires qui concernent la Maison , afin que par la lecture de ce Livre , le Bureau puisse avoir dans tous les temps , une connoissance parfaite de l'état des Affaires dans lesquelles l'Administration peut être intéressée.

L'Avocat est spécialement chargé de dresser toutes les Lettres qui sont écrites par le Bureau , elles doivent cependant être fignées par tous les Recteurs ; lorfqu'il a répondu à celles qui ont été adreffées au Bureau , il doit prendre foin de les remettre à l'un des Agents de la Maifon pour les dépofer aux Archives.

IL doit examiner avec attention , fi dans les Affaires qui font pendantes dans les différents Tribunaux de la Ville , les Pauvres de l'Hôtel-Dieu y peuvent avoir quelque intérêt , foit pour Legs ou Subftitutions faites en leur faveur , foit pour peines ftipulées , ou pour Amendes prononcées à leur profit ; & dans le cas ou les Pauvres s'y trouveroient intéreffés , il doit en informer le Bureau.

IL doit dreffer lui-même tous les Actes importants ; il eft chargé de l'examen des Titres & Papiers des Enfants qui font adoptés , & il doit veiller avec foin à ce que les Rentes conftituées ou Foncieres qui font dues aux Pauvres, foient exactement reconnues par les Débiteurs , ou que l'on faffe contr'eux les diligences néceffaires pour en empêcher la prefcription.

LORSQUE le Bureau juge à propos de faire l'acquifi-tion de quelque Immeuble , l'Avocat doit examiner avec l'attention la plus fcrupuleufe fi ces acquifitions peuvent être faites avec une entiere fûreté ; il doit dreffer un Mémoire de toutes les Inftructions qu'il aura prifes à cet égard , & le joindre à l'expédition du Contrat , qui fera mife dans les Archives, afin que l'on foit en état d'y avoir recours en cas de recherches.

L'AVOCAT doit au commencement de fon fervice vifiter avec attention les Archives pour y prendre les
connoiffances

connoiſſances néceſſaires ſur l'état des affaires de l'Hôpital ; il doit veiller que tous les Titres & Papiers ſoient rangés dans l'ordre le plus convenable ; s'il reconnoit qu'il en manque quelques-uns , il doit les faire rapporter s'il eſt poſſible , ou prendre ſoin de faire note ſur le Regiſtre deſtiné à cet effet, de ceux auxquels ils auroient été remis , & pour quel uſage ; il doit vérifier , au moins une fois pendant le cours de ſon adminiſtration, l'inventaire général de tous les Titres & Papiers qui ſont renfermés dans les Archives.

LORSQUE l'on ſera obligé de produire en juſtice des Titres de quelque importance , l'Avocat aura ſoin d'en faire faire des Extraits pour tenir lieu d'originaux ; ou ſi l'on eſt dans la néceſſité de produire les Originaux même , il en fera faire auparavant des Extraits en bonne & due forme, qui ſeront mis à la place des Originaux , pour qu'ils puiſſent en tenir lieu en cas de perte par quelque accident imprévu.

DANS le cas du rachat de quelque Rente ou Penſion due aux Pauvres , ou de l'aliénation de quelque Immeuble , l'Avocat doit en faire note ſur le Livre qui contient le détail des Rentes ou des Immeubles appartenants à l'Hôpital ; il doit en même temps faire retirer des Archives tous les Actes qui peuvent concerner les Immeubles aliénés , les remettre aux Acquéreurs, ou les ranger dans la claſſe des Papiers inutiles ; il doit de même lorſque l'Hôpital fait l'acquiſition de quelque Immeuble , ou de quelque Penſion ou Rente, prendre ſoin de faire ajouter

D

ces nouvelles Acquisitions sur le Registre des Immeubles, & faire note des redevances auxquelles elles pourroient être sujettes.

L'AVOCAT doit tenir un Registre journal, dans lequel il inscrira sommairement, & par ordre de dates, toutes les Demandes, Significations, Procès & Instances, dans lesquels l'Hôpital aura intérêt, afin qu'il puisse veiller avec exactitude aux poursuites & diligences qu'il conviendra de faire ; il doit faire mention sur le même Registre de toutes les Saisies qui seront faites entre les mains du Bureau, & de ceux au préjudice desquels elles auront été faites ; à l'effet de quoi les Agents avant que de remettre les Copies des Exploits de Saisie au Procureur de l'Hôtel-Dieu, seront tenus de remettre à l'Avocat une note qui contienne la date des Saisies, les noms du Créancier saisissant, & de celui au préjudice de qui les Saisies auront été faites, & la désignation du Tribunal, ou de la Jurisdiction de l'autorité de laquelle elles auront procédé.

L'AVOCAT est chargé du soin d'arrêter l'état des Frais & Taxations tant des Agents, que des Huissiers que l'on est obligé d'employer pour les Affaires de l'Hôtel-Dieu ; & sur l'état par lui arrêté l'on délivre un Mandat de la somme à laquelle il se trouve monter.

IL est également chargé du soin de faire rapporter sur le Registre que l'on tient à cet effet, expédition de tous les Actes importants qui concernent l'Hôpital ; cette expédition doit être signée par les Notaires qui auront

reçu les Actes ; il doit auffi prendre foin de faire rapporter exactement fur le Regiftre des Subftitutions,
toutes celles qui peuvent être faites en faveur des Pauvres
& vérifier, au moins une fois chaque année, fi celles qui
ont été précédemment faites ne fe trouvent point actuellement ouvertes à leur profit.

Pour prévenir, autant qu'il eft poffible, les conteftations
& les difficultés avec les Seigneurs dans la mouvance defquels les Immeubles appartenants à l'Hôtel-Dieu peuvent
fe trouver, l'Avocat doit prendre foin de faire tenir un
Regiftre en forme de Terrier paffif, dans lequel doivent
être infcrits tous les Immeubles appartenants à l'Hôpital ;
lorfque l'on paffe de nouvelles Reconnoiffances pour
raifon de ces Immeubles , elles doivent être tranfcrites
à la fuite du Chapitre qui concerne l'Immeuble que
ces nouvelles Reconnoiffances ont pour objet ; & l'on
doit en même-temps former à la marge du même chapitre
le Sommaire abrégé des Cens , Servis , & autres Redevances annuelles qui peuvent être dues fur chaque Immeuble en particulier , afin que l'on ne foit point expofé
à payer au delà de ce qui eft légitimement dû ; & que
dans le cas où l'on demanderoit aux Pauvres une nou-
velle Reconnoiffance pour raifon des mêmes Héritages ,
l'on foit en état de reconnoître en recourant aux anciennes,
fi la demande eft jufte , & fi elle ne contient aucune
augmentation de fervitude.

Le temps du fervice de l'Avocat étant prêt d'expirer,
il doit dreffer un Mémoire qui contiendra fommairement

les Procès qui ont été jugés pendant le temps de son adminiftration, ceux qui font reftés à décider, l'état où ils font, & ce qu'il juge qu'il convienne d'y faire ; ce Mémoire doit encore renfermer tout ce qu'il croit le plus utile pour l'inftruction de celui qui doit lui fuccéder.

Comme il doit y avoir l'union la plus étroite entre l'adminiftration de l'Hôtel-Dieu & celle de la Charité, l'Avocat Recteur de l'Hôpital doit fouvent conférer avec celui de la Charité, pour fe concilier enfemble dans toutes les Affaires dans lefquelles ces deux Maifons peuvent avoir intérêt, & dans tout ce qui peut contribuer à l'avantage de l'une & de l'autre adminiftration.

CHAPITRE IV.

Des Fonctions du Recteur Exconsul.

LE RECTEUR Exconsul occupe la troisieme place dans le Bureau ; il préside en l'absence des deux premiers Recteurs, & il a une clef des Archives.

L'EXCONSUL est chargé de prendre soin, tant des Bâtiments de l'Hôpital, que de toutes les Maisons qui lui appartiennent dans la Ville ; il doit y faire faire toutes les Réparations convenables, après qu'il se sera tranfporté sur les lieux pour en reconnoître la nécessité. Il est de même chargé de passer tous les Baux à louage des Maisons, aux conditions les plus avantageuses pour les Pauvres. Il ne doit passer de nouveaux Baux que dans le temps d'une année & demie avant l'expiration des anciens.

LORS de son entrée en exercice, il doit lui être remis par le Teneur de Livres un état de toutes les Maisons que l'Hôtel-Dieu possede dans la Ville ; cet état doit contenir les noms de tous les Locataires, le prix de leurs loyers, & le temps de l'expiration des Baux ; il doit en même-temps retirer des mains de son Prédécesseur tous les Baux qui pourroient être restés en son pouvoir.

IL doit prendre soin qu'il y ait, autant qu'il sera possible, des Freres Charpentiers & Maçons dans l'Hôtel-

Dieu, pour faire les Réparations nécessaires dans les Maisons; & lorsqu'il ne pourront pas y suffire, l'on prendra des Ouvriers étrangers. L'Econome doit tenir une note exacte des journées qu'ils feront, & cette note doit être représentée chaque semaine à l'Exconsul par l'un des Freres de la Maison, lors des paiements qu'il fera aux Ouvriers.

Les Freres Charpentiers & Maçons remettront au Recteur Exconsul au commencement de son administration un état qui contiendra les noms de tous les compagnons Charpentiers, Maçons & Manœuvres qui se trouveront actuellement employés au service de l'Hôtel-Dieu, & le montant des Gages & Salaires qui leur auront été promis; ils ne pourront congédier aucuns Ouvriers, ni en substituer d'autres à leur place, ou en augmenter le nombre, que de l'ordre exprès du Recteur Exconsul; ils ne pourront aussi aller travailler, ni envoyer des Ouvriers que dans les Maisons que l'Exconsul leur aura désigné, ni y faire faire d'autres ouvrages que ceux qu'il aura prescrit; à l'effet de quoi ils doivent être exacts à se trouver à l'entrée du Bureau, soit pour recevoir ses ordres, soit pour lui rendre compte de ce qu'ils auront fait en exécution de ceux qui leur auront été précédemment donnés; l'Exconsul doit veiller que l'on n'aille travailler dans aucunes des Maisons de la Ville, sans en informer l'Econome, afin qu'il soit en état de faire examiner si les Ouvriers sont assidus au travail.

Il doit faire toutes les avances nécessaires pour les

Réparations, dont il eſt rembourſé chaque mois par le Tréſorier.

Il doit prendre garde que les Propriétaires des Maiſons contiguës à celles qui appartiennent à l'Hôpital, ne faſſent rien qui puiſſe leur préjudicier ; & dans le cas de quelque entrepriſe, il doit en informer le Bureau.

Il veillera que toutes les Maiſons appartenantes à l'Hôtel-Dieu ſoient occupées par des perſonnes de bonnes mœurs ; il les viſitera auſſi ſouvent qu'il lui ſera poſſible, pour reconnoître ſi les Locataires n'y font aucunes dégradations, s'il ne s'y exerce point de profeſſions qui puiſſent menacer du danger d'incendie, ſi les Locataires ne changent point l'état des Appartements, s'ils n'y ménagent point des portes pour communiquer d'une Maiſon dans une autre, & s'ils ne convertiſſent point des Magaſins ou des Boutiques en Ecuries ; il prendra ſoin que les Maiſons ſoient exactement entretenues de toutes les Réparations convenables, & principalement de celles qui concernent les Toits, les conduits des Eviers, & les Latrines; & à cet effet il aura attention que l'Hôpital ſoit toujours fourni de tous les Matériaux néceſſaires pour l'entretien des Bâtiments.

Il doit prendre garde que les Fenêtres de l'Hôtel-Dieu ayant vues au dehors ſoient garnies de Barreaux de fer treilliſſés, de maniere qu'il n'y reſte aucunes ouvertures par leſquelles l'on puiſſe divertir quelque choſe de la Maiſon; il ne permettra point, autant qu'il ſera poſſible, de faire de nouvelles ouvertures de Fenêtres, ſi ce n'eſt dans le cas d'une extrême néceſſité.

Une année & demie avant le temps de l'expiration des Baux à louage en totalité, le Recteur Exconsul doit en informer le Bureau, lequel suivant l'usage doit nommer deux Commissaires pour examiner conjointement avec l'Exconsul l'état de la maison, si le prix du Bail peut être susceptible d'augmentation, & s'il est plus avantageux aux Pauvres de continuer à la louer en totalité, ou d'en passer des Baux à louage particuliers ; le rapport fait au Bureau, l'Exconsul en se conformant à ce qu'il aura décidé, fera mettre des Ecriteaux à la maison, s'il a été décidé que les différents Appartements qui la composent, doivent être loués en particulier : & dans le cas où le Bureau auroit jugé plus convenable de louer la maison en totalité, il fera placer des Affiches, tant aux portes de la maison, que dans les différents carrefours de la Ville, qui indiqueront le Quartier dans lequel la maison est située, le terme auquel le nouveau Bail de Totalité doit commencer, le temps pour lequel il sera passé, le jour & le lieu où les Encheres seront reçues, sans que l'Exconsul puisse en aucun cas se dispenser de faire faire des Affiches pour raison des Baux en Totalité, à moins qu'il n'en ait été autrement décidé par une Délibération expresse du Bureau ; ce qui ne doit être fait que par des considérations importantes, & pour le plus grand avantage des Pauvres, & sans que les Baux, soit particuliers ou en Totalité, puissent être passés ailleurs que dans le Bureau même, à moins qu'il n'y ait Députation & Commission donnée par le Bureau à quelqu'un des Recteurs pour les passer ailleurs.   Lors

LORS de la confection des Baux, soit généraux ou particuliers, l'Exconsul fera charger les Locataires par un Inventaire exact qui sera joint aux Baux, de toutes les Clefs, Serrures, Vitres, Séparations & autres choses dépendantes des Appartements loués. Ces états seront remis aux Archives avec les Expéditions des Baux à louage, afin qu'à leur expiration, l'Exconsul qui sera pour lors en place, soit en état de reconnoître si les Locataires en quittant les Appartements les laissent dans le même état auquel ils leur avoient été remis, sauf l'usage.

L'EXCONSUL doit prendre soin de remettre de six en six mois au Recteur chargé de la direction du grand Livre, des Notes exactes des nouveaux Baux qui ont été passés, de même que du prix des Baux, & des noms des Locataires, pour que le tout soit rapporté sur le grand Livre.

LORSQU'IL est question de passer des Prix-faits pour des Réparations extraordinaires, & qui forment un objet considérable, ou pour de nouvelles Constructions, le Recteur Exconsul doit faire dresser des Devis estimatifs des Ouvrages, même des Plans & Desseins, si les Ouvrages sont de qualité à le mériter, & après que les Devis où les Plans auront été approuvés par le Bureau, les Prix-faits, tant pour les Ouvrages de Maçonnerie que de Charpente seront donnés au Rabais, & ils ne pourront l'être que dans l'assemblée du Bureau. L'Exconsul prendra soin de visiter les Travaux autant de fois qu'il lui sera possible, pour reconnoître si les Ouvriers travaillent avec diligence, s'ils se conforment exactement aux Devis &

E

Prix-faits qui leur ont été donnés , & fi les Matériaux qu'ils emploient, font de la qualité requife ; il aura la même attention à reconnoître avant que l'on emploie les Pierres de tailles, fi elles font exactement conformes aux modeles & aux mefures remifes aux Tailleurs de pierres.

Il doit pourvoir avec foin que les Cheminées de la Maifon foient nettoyées deux fois l'année dans les mois d'Avril & d'Octobre ; il eft également chargé de pourvoir au nettoyage des Latrines , tant de l'Hôtel-Dieu, que des Maifons qui lui appartiennent , & de faire faire dans les Voûtes & Foffes toutes les Réparations néceffaires.

Il doit s'informer des Acquifitions qu'il pourroit y avoir lieu de faire des Maifons ou des Fonds voifins de ceux de l'Hôpital ; & lorfqu'il fe préfentera quelque Acquifition convenable , il doit en faire part au Bureau.

Il ne doit donner aucun Prix-fait des Réparations à faire dans les Maifons qui pourroient être indivifes entre l'Hôtel-Dieu & l'Hôpital de la Charité , que conjointement avec celui des Recteurs de cet Hôpital qui fera chargé du foin des Bâtiments ; & il ne pourra paffer aucuns Prix-faits pour raifon de ces mêmes Réparations qu'après en avoir pris l'avis du Bureau.

L'Exconsul eft encore chargé d'avoir infpection fur tout ce qui concerne l'entretien des Chevaux, Chars & Charrettes qui fervent aux ufages de la Maifon ; il doit veiller que les Provifions néceffaires pour la nourriture des Chevaux foient faites dans un temps convenable , & qu'il ne s'en faffe aucune diffipation.

CHAPITRE V.

DES Fonctions du Recteur Tréforier des Pauvres de l'Hôtel-Dieu.

LE RECTEUR Tréforier eft chargé de faire la Recette de toutes les Sommes appartenantes à l'Hôpital ; il doit acquitter tous les Mandats qui font délivrés par le Bureau , tant pour les Appointements des Prêtres de l'Hôtel-Dieu & des Agents , pour les honoraires des Médecins , Chirurgiens , Notaire , Secretaire & autres Officiers de la Maifon , que pour les arrérages des Rentes foncieres , conftituées ou viageres , & les Intérêts des Sommes dues à jour , de même que pour le rembourfement des Capitaux , lorfque le temps de leur échéance arrive , ou que le Bureau juge à propos de l'ordonner. Il eft tenu de payer toute la dépenfe de la viande qui fe confomme dans l'Hôpital ; il doit également fournir les Sommes néceffaires pour l'acquifition ou la réédification des Maifons que le Bureau aura jugé à propos d'acquérir , ou de faire reconftruire , de même que pour toutes les Réparations qu'il aura cru devoir ordonner. Il doit rembourfer à la fin de chaque mois aux autres Recteurs toutes les Avances qu'ils ont fait dans les différents Emplois dont ils font chargés : le Rembourfement en doit être fait en conséquence d'un Mandat donné par le Bureau, sur le Compte que chaque Recteur présente des Sommes qu'il a payées pendant le cours de chaque mois.

En entrant en Exercice, il doit prendre toutes les Instructions nécessaires de celui auquel il succede. Il doit lui être remis tous les six mois par le Teneur de Livres, quelques jours avant la Fête de Saint Jean-Baptiste & celle de Noël, un Etat ou Bilan général de tout ce qui est dû aux Pauvres, tant pour Loyers des Maisons, prix des Baux à Fermes, Arrérages de Rentes ou Pensions, Dons & Legs, que pour quelque autre cause que ce soit, afin qu'il soit en état d'en procurer le recouvrement.

Les Agents doivent une fois chaque jour se rendre chez le Recteur Tréforier pour y recevoir ses ordres sur ce qu'il convient de faire pour le recouvrement des sommes dues aux Pauvres. Le Tréforier ordonne les poursuites qu'il juge nécessaires, qui ne doivent cependant être faites que de l'avis du Recteur Avocat. Les Agents ne doivent rien recevoir que sur les Quittances du Recteur Tréforier, sous quelque prétexte que ce puisse être.

Il doit s'informer avec soin lors du decès des Citoyens, s'ils ont fait quelques Legs aux Pauvres de l'Hôtel-Dieu, quels sont les Notaires qui ont reçu leurs dernieres Dispositions, & quelle est la somme qui peut avoir été léguée à l'Hôpital ; & dans le cas où le Legs auroit été fait simplement aux Pauvres sans aucune autre désignation, il doit être partagé par moitié entre l'Hôtel - Dieu & l'Hôpital de la Charité , suivant le Réglement fait entre ces deux Adminiſtrations.

Tous les mois , le Recteur Tréſorier doit remettre au Recteur chargé de la direction des Livres, un compte de ſa Recette & de ſa Dépenſe pendant le cours du mois précédent , afin que chaque partie ſoit exactement rapportée ſur le grand Livre dans l'ordre convenable. Il doit tous les deux mois repréſenter au Bureau l'état de ſa Recette & de ſa Dépenſe , afin que le Bureau inſtruit , ſoit des Avances faites par le Tréſorier , ou des Sommes reçues qui pourroient excéder la dépenſe , ſoit en état de prendre , avec connoiſſance de cauſe, les partis les plus convenables au bien & à l'avantage de la Maiſon.

Le Tréſorier ne doit payer aucunes Sommes que ſur les Mandats délivrés par le Bureau ; & il doit prendre ſoin de retirer les Quittances & autres Pieces juſtificatives des Payements qu'il fait , en conſéquence des Mandats tirés ſur lui.

Tous les Mandats qui ont été acquittés, doivent être exactement envoyés par le Notaire chez le Tréſorier , le lendemain du jour du Bureau auquel le payement en aura été fait ; le Notaire ne doit écrire aucuns Mandats ſur le Regiſtre que l'on tient à cet effet, qu'il ne ſe ſoit informé auparavant auprès du Teneur de Livres , ſi la Somme demandée eſt échue, ſi le payement n'en eſt ſuſceptible d'aucune difficulté , & ſi elle n'eſt arrêtée par aucune Saiſie entre mains.

LORSQU'IL fera queſtion de fournir des Déclarations en Juſtice, fur des Saiſies faites entre les mains du Bureau, elles ne pourront être fournies qu'après avoir pris une Déclaration par écrit de la part du Recteur Tréſorier, qu'il n'a point payé les Sommes pour raiſon deſquelles ces Saiſies ont procedé, & s'il a fait quelques payements à compte, ou qu'il les ait acquitté en entier avant la date des Saiſies, il ſera obligé de l'énoncer dans la Décla-ration qu'il donnera, laquelle ſera remiſe à l'Agent chargé du ſoin de fournir en Juſtice les Déclarations ſur les Saiſies faites entre les mains du Bureau.

LE Recteur Tréſorier, en recevant les arrérages des Penſions foncieres ou obituaires, ou des Rentes conſti-tuées qui ſont dues à l'Hôpital, tâchera, du moins une fois pendant le cours de ſon Adminiſtration, d'en paſſer des Quittances devant Notaires, & même d'en exiger, autant qu'il ſera poſſible, de nouvelles reconnoiſſances, pour prévenir les preſcriptions qui pourroient être oppoſées dans la ſuite de la part des Débiteurs.

A la fin des deux années de ſon ſervice, le Tréſorier doit dreſſer ſon Compte général de Recette & de Dépenſe, & trois mois après, il doit le préſenter au Bureau, & lui en laiſſer une Copie, qui doit être ſignée par lui; après quoi l'on prend jour avec MM. les Prévôts des Marchands & Echevins, pour procéder à la vérifi-cation & à l'apurement du Compte, qui eſt fait en leur préſence dans la Salle du Bureau : après l'apurement le Compte eſt mis dans les Archives de l'Hôtel-Dieu, avec toutes les Pieces juftificatives des payements , & il doit être enrégiftré dans l'Inventaire général des Archives. S'il étoit refté entre les mains du Recteur Tréforier quelques Papiers appartenants à l'Hôtel-Dieu , il doit les rendre inceffamment au Bureau , & il doit laiffer à fon Succeffeur tous les Mémoires, & les Inftructions qui peuvent lui être utiles , fpécialement pour raifon des Dettes dont il n'a pu procurer le recouvrement pendant le temps de fon Service.

CHAPITRE VI.

Du Recteur qui a la Direction de l'intérieur de l'Hôtel-Dieu, & le soin de fournir les Meubles, Linges & autres choses nécessaires, tant aux Malades qu'aux Domestiques de la Maison.

LE RECTEUR chargé de cette Fonction, qui est l'une des plus importantes de l'Administration de l'Hôpital, doit en y entrant, se faire représenter l'Inventaire général de tous les Meubles & Effets de la Maison, vérifier si tous les Effets compris dans cet inventaire, s'y trouvent actuellement, se faire rendre compte de ceux qui manquent, & en faire une Note ; il doit faire la même vérification lorsqu'il est prêt à quitter cette Fonction.

IL est chargé du soin d'acheter & de fournir tous les Meubles & Ustensiles nécessaires dans la Maison, tant pour les Malades & les Domestiques, que pour la Cuisine, la Lavanderie, & les autres Appartements.

IL doit acheter toutes les Toiles nécessaires, de même que tous les Draps & Etoffes, tant pour l'usage des Freres, des Sœurs & des Domestiques, que pour les Robes de Chambre des Malades & l'habillement des Garçons Chirurgiens, pour raison de ce qui leur est fourni par la Maison pour partie de leur entretien.

IL

IL doit acheter toute la Paille néceſſaire pour les Lits des Malades, de même que pour ceux des Perſonnes de la Maiſon ; & il doit faire attention que l'on ait ſoin de la renouveller de temps à autre. Il eſt de même chargé de pourvoir dans le temps à l'achat des Cendres qui s'emploient aux Leſſives.

IL eſt chargé du choix de tous les Domeſtiques qui ſont employés au ſervice des Malades ou à d'autres occupations dans l'Hôpital, de même que du payement de leurs Gages, qu'il doit faire à la Saint Jean-Baptiſte & à la Noël ; ſçavoir aux Valets, à raiſon de quarante-cinq livres par année, outre le Juſte-au-corps de Drap qu'on leur fournit pendant l'hyver, & celui de Toile pendant l'Eté, de même que les Chemiſes pendant tout le cours de l'année ; & aux Filles, à raiſon de trente-ſept livres dix ſols par année, outre les Tabliers de Toile qu'on leur donne. Il doit auſſi payer à chacun des Freres reçus dans l'Hôpital, la ſomme de dix-huit livres que la Maiſon leur donne chaque année, outre leur entretien d'Habits, Linges, Chapeaux, Bas & Souliers. Tout ce qui eſt fourni tant aux Freres qu'aux Domeſtiques, reſte à la Maiſon après leur uſage.

LE Recteur de l'intérieur eſt encore chargé du ſoin de fournir les Couvertures, les Rideaux de Lits, la Laine pour les Matelas ; il doit auſſi payer les Souliers des Freres, des Sœurs & des Incurables, de même que le Benier, Chauderonnier & Forgeron, les Femmes que l'on emploie à laver les Leſſives chaque ſemaine, &

généralement tous les autres Ouvriers qui travaillent pour l'intérieur de la Maison, à l'exception de ce qui concerne l'entretien des Bâtiments de l'Hôpital. Il est remboursé de ses Avances à la fin de chaque mois par le Trésorier comme les autres Recteurs.

Il doit tenir un Livre qui contienne en détail la qualité & la quantité du Linge qu'il fournit pour les Malades ; il en doit donner la même quantité de neuf qu'on lui en rend de celui qui est usé. Le Linge de cette derniere espece sert pour les Enfants qu'on envoie en nourrice à la Campagne, & pour le pansement des Blessés.

Il doit se faire remettre chaque Semaine un état de tous ceux qui sont décédés dans l'Hôpital, qu'il doit prendre soin de rapporter sur un Regiftre particulier qu'il tiendra à cet effet. Il se fera de même représenter chaque Semaine toutes les Nippes & Hardes étant à l'usage des Personnes décédées ; il les fera inscrire sur le même Regiftre, après quoi il les fera transporter dans le grenier de la Fripperie.

Lorsque quelques-uns des Domestiques quittent la Maison, il doit faire visiter leurs hardes pour reconnoître s'il n'y a rien qui appartienne à l'Hôpital.

Il doit se faire remettre chaque mois, par les Prêtres employés à servir les Malades, l'argent que ceux qui sont décédés pourroient leur avoir remis en dépôt ; il en tiendra une Note exacte, & il en remettra le produit tous les trois mois dans la Boîte des Pauvres : ces sortes de dépôts, lorsqu'il en a été fait, appartenants à l'Hôpital, fi les Malades n'en ont pas difpofé autrement d'une maniere valable.

Indépendamment de ces différentes Fonctions parti-culieres, le Recteur chargé de l'intérieur de la Maifon doit veiller avec foin fur la conduite & les mœurs de toutes les Perfonnes qui la compofent, prendre garde qu'il ne s'y introduife aucun abus , & que tous les Sujets qui y font employés , s'acquittent avec exactitude de leur devoir. L'Econome doit fouvent le confulter , & toujours agir de concert avec lui, & il ne doit faire aucuns changements dans la régie intérieure de la Maifon, fans avoir pris fon avis & fans fon agrément.

CHAPITRE VII.

Des Fonctions du Recteur qui a l'inspection sur la Cuisine.

LE RECTEUR chargé de ce soin , doit examiner une fois au moins toutes les Semaines le Livre sur lequel on ecrit la quantité de Viande que l'on donne chaque jour pour l'usage de la Maison ; il doit en même-temps examiner le nombre des Malades, Officiers, Domestiques & autres Personnes qui sont dans l'Hôtel-Dieu, afin qu'il soit en état de reconnoître s'il n'y a aucun abus dans la dispensation & la fourniture de la Viande , & si elle est proportionnée au nombre des Personnes qui sont dans la Maison.

IL doit prendre soin qu'il y ait toujours des Freres qui soient employés à aller dans les Foires , faire les achats de Bétail nécessaires pour la consommation de Viande qui se fait dans la Maison : l'argent leur est fourni par le Trésorier. A l'égard de la Viande qui se consomme pendant le temps du Carême , si le Bureau juge convenable de donner à Ferme le Droit qu'il a conjointement avec celui de la Charité , de faire vendre privativement la Viande pendant le Carême , dans ce cas , le Boucher qui a pris cette Ferme , doit fournir & apporter chaque jour dans l'Hôtel-Dieu , la quantité de

Viande néceſſaire pour l'uſage de la Maiſon, tant en Veau, Bœuf, que Mouton, au prix convenu avec lui ; cette Viande doit être peſée en préſence de l'Econome, & elle eſt notée ſur ſon Livre, de même que ſur celui du Boucher ; le prix en eſt précompté ſur celui de la Ferme. Cette Ferme ſe donne ſuivant l'uſage, au Bureau de la Charité, au plus offrant & dernier Enchériſſeur. Deux Recteurs de la Maiſon de la Charité ſont députés au Bureau de l'Hôtel-Dieu pour lui donner avis du jour auquel cette Ferme ſera adjugée ; l'Adjudication en eſt faite en préſence du Tréſorier de l'Hôtel-Dieu, & du Recteur chargé du ſoin de la Cuiſine, qui ſont députés pour y aſſiſter. On donne en même-temps à un Poulailler, & de même aux Encheres, la permiſſion de vendre ſeul la Volaille durant le Carême. Il doit fournir la quantité d'œufs néceſſaire aux deux Maiſons, au prix qui eſt convenu avec lui.

Le Recteur qui a l'inſpection ſur la Cuiſine, doit faire la Proviſion du Savon, qui eſt remis aux Sœurs chargées du ſoin de blanchir le Linge. Il doit pareillement fournir les Oeufs, le Beurre, les Légumes, les Pruneaux, Raiſins ſecs, Caſſonade, & l'Huile d'Olive qui ſe conſomment pour l'uſage de la Maiſon, de même que l'Huile de Noix qui ſert à l'entretien des Lampes qui doivent être allumées pendant la nuit dans les différentes Infirmeries & autres Appartements.

Il doit auſſi faire la proviſion du Suif néceſſaire pour les Chandelles que l'on fait & qui ſe conſomment dans la Maiſon ; celle du Fromage, du Ris, de l'Orge grué, du Poiſſon frais & ſalé, & généralement de tout ce qui eſt néceſſaire pour la nourriture des Malades, Officiers & Domeſtiques de la Maiſon. Toutes ces Proviſions doivent être faites dans le temps le plus convenable, & remiſes à l'Econome pour en faire la diſtribution ſuivant le beſoin. Il doit auſſi fournir tout le Sel que l'on emploie pour l'uſage de la Maiſon, au delà de la quantité qu'il a plu à Sa Majeste' d'en accorder, par forme d'Aumône, à cet Hôpital.

Il doit tenir compte du produit de toute la Graiſſe de rôti que les Sœurs de la Cuiſine vendent pendant le cours de l'année, & ſe charger dans ſon Compte de la Somme qui en eſt provenue. Les Cuirs, Peaux, Suifs, & Triperies qui proviennent des Beſtiaux qui ſe conſomment pour l'uſage de la Maiſon, ne doivent être vendus que de ſon avis; & il doit en recevoir le produit pour en compter de la même maniere.

CHAPITRE VIII.

Des Recteurs chargés du soin des Maisons de l'Hôtel-Dieu, situées dans les Fauxbourgs de la Ville, & des Maisons & Domaines à la Campagne.

LES RECTEURS qui sont chargés de la Régie de ces Immeubles, doivent retirer de leurs Prédécesseurs le dénombrement de ces Maisons & Domaines, avec la Description sommaire de leur Contenue, Appartenances & Dépendances, ensemble les Baux à Louage ou à Ferme qui en ont été passés par le Bureau.

ILS doivent souvent les visiter, ou faire visiter par les Freres de l'Hôtel-Dieu qui sont chargés de cet Emploi, pour reconnoître si les Bâtiments sont entretenus en bon état par les Locataires ou Fermiers, s'ils n'y font aucunes dégradations, s'ils n'y exercent aucunes professions dangereuses pour les Incendies, telles que celles de Fondeurs, ou de Forgerons ; si les Locataires ne changent point l'état des Maisons, si les Voisins n'y font aucunes entreprises, & si elles n'ont besoin d'aucunes réparations ; & supposé qu'ils en trouvent de nécessaires, ils doivent les ordonner, & veiller avec soin qu'elles soient faites incessamment.

A l'égard des Domaines dont la Régie est confiée

à des Freres & des Sœurs , les Recteurs qui en ont l'Administration , doivent tenir un Livre ou Regiftre, au commencement duquel fera tranfcrit le dénombrement de tous les Fonds dont le Domaine eft compofé , leur Contenue & leur Nature. Ils feront mention, chaque année, fur le même Regiftre, de la quantité de Grains qui aura été enfemencée , de celle qui aura été recueillie, de même que du montant de la Récolte des Foins, & des Vins & autres Fruits.

Ils arrêteront à la fin de chaque année le Compte journalier de Recette & Dépenfe que tiendront les Freres & les Sœurs , & il reftera en leur pouvoir ; les Freres & Sœurs doivent leur remettre de même à la fin de chaque année un Etat exact de tout ce qui reftera dans les Domaines, du nombre des Chevaux , Bœufs , Vaches, Moutons & autres Beftiaux , de la quantité de Bichets de Froment , Seigle , Orge , Aveine , & Légumes ; de la quantité de Quintaux de Foin , de celle des Fagots, & du Bois à brûler , du nombre des Pieces de Vin & de la quantité qu'elles en contiennent. Cet Etat ou Inventaire fera fourni chaque année, & fera mis à la fuite du Compte arrêté , avec une Note de ceux qui peuvent être débiteurs du prix de quelques Denrées à eux vendues , & des Sommes dont ils font redevables.

Six mois avant que les Louages des Maifons expirent, les Recteurs qui font chargés de cette adminiftration , en informeront le Bureau ; ils feront placer des Ecriteaux, tant au deffus de la porte des Maifons , qu'aux autres

endroits

endroits accoutumés, pour annoncer qu'elles font à louer dans un tel temps, & qu'il faut s'adreffer au Bureau de l'Hôtel-Dieu. Ils auront foin de faire charger les Locataires par un Inventaire exact, de toutes les clefs des Maifons qu'ils prendront à louage, de même que de tous les agencements qui pourroient s'y trouver; ils leur feront reconnoître par les Baux que les Maifons font en bon état, avec les Portes & Fenêtres garnies des Gonds, Verroux, Loquets & Serrures néceffaires, de même que des Vitres & chaffis s'il y en a. Ils prendront garde que les précédents Locataires, lorfqu'ils quitteront les Maifons, les rendent dans le même état où ils les auront pris, & avec tous les agencements dont ils avoient été chargés par leurs Baux, ou par les Inventaires qui pourroient en avoir été faits pour lors. Les Baux de ces Maifons ne doivent être paffés qu'au Bureau, à moins qu'il n'y eût commiffion donnée à quelqu'un des Recteurs pour les paffer ailleurs; les Expéditions en doivent être remifes auffitôt après dans les Archives, fauf aux Recteurs chargés de cette partie de l'Adminiftration, à s'en faire remettre des Extraits ou Copies pour leur ufage.

Si lors de l'expiration des Baux à ferme, ou à moitié-fruits, les Domaines fe trouvoient en mauvais état par une fuite des dégradations faites par les Fermiers ou Grangers, l'on doit fe pourvoir contr'eux pour les faire condamner aux Dommages & Intérêts des Pauvres; & à cet effet, lors de l'entrée des Fermiers ou Grangers, il convient de faire une Defcription exacte de l'état des

G

Bâtiments & des Fonds, pour que l'on soit en état de reconnoître à l'expiration de leurs Baux s'il a été fait des dégradations de leur part. L'on doit de même les faire charger par les Baux ou par des Inventaires qui y soient annexés, de tous les Meubles & Effets, des Outils d'Agriculture & des Bestiaux qui leur sont remis, pour en rendre la même quantité ou la même valeur, lors de leur sortie. Les Baux à ferme ou à moitié-fruits, comme les louages des Maisons, ne doivent être passés qu'au Bureau même, & doivent être également précédés d'Affiches faites aux Portes des Eglises Paroissiales des Lieux dans lesquels les Domaines sont situés.

Les Domaines qui consistent en Vignobles, sont ordinairement donnés à cultiver à moitié-fruits ; il convient de les visiter le plus souvent qu'il est possible, pour reconnoître si les Grangers ne surchargent point les Vignes, & s'ils y font toutes les Cultures & Façons nécessaires pour leur entretien. L'on doit chaque année en faire fumer une partie : le Fumier qui est fourni par la Maison, étant conduit au Port le plus voisin des Domaines, les Grangers doivent le faire transporter à leurs frais dans les Vignes. L'on doit avoir attention de remplacer les Vignes vieilles par de nouvelles plantations, & d'en charger les Grangers par leurs Baux, du moins jusqu'à une certaine quantité.

Au temps de la Vendange, l'on doit envoyer dans les Domaines un ou deux Freres pour y veiller. L'Hôtel-Dieu fournit les Tonneaux, & les Grangers sont obligés de les faire relier à leurs frais, en leur payant la moitié des Cercles & des Douves que l'on y emploie. Les Vins étant récueillis, ils doivent être fermés dans les Celliers jufqu'à ce que le partage en ait été fait avec les Grangers. L'on eſt en uſage d'acheter leur portion, pour éviter les inconvénients & les riſques que l'on court lorſque l'on eſt obligé d'acheter des Vins étrangers.

Les Recteurs chargés de la régie des Domaines, doivent veiller avec ſoin qu'il ne ſoit fait aucunes uſurpations ſur les Fonds appartenants aux Pauvres; & pour les prévenir, ils doivent, au moins une fois pendant le cours de leur adminiſtration, ſe faire repréſenter les Bornes de chaque Fonds en particulier; & s'il ne s'y en trouve aucunes, ou qu'elles ne paroiſſent pas d'une maniere aſſez viſible, ils doivent en faire planter de nouvelles, après y avoir appellé les Voiſins qui y ſont intéreſſés.

CHAPITRE IX.

Du Recteur qui est chargé de la Sacristie & de l'Inspection sur le grand Livre.

LE Recteur qui est chargé du soin de la Sacristie, doit avoir un Inventaire exact de toute l'Argenterie & des Ornements de l'Eglise ; cet Inventaire lui est remis par son Prédécesseur , & il doit en faire la vérification, après laquelle il doit en charger l'Econome de la Maison, qui choisit une personne, de l'avis du Bureau, pour en prendre soin sous son inspection.

Il reçoit tout l'argent qui provient de la rétribution des Messes , des Confréries & des Enterrements ; il doit en tenir un Compte qu'il doit remettre au Bureau à la fin de chaque année, & dans lequel il doit porter la Dépense qu'il aura fait , tant pour la rétribution des Messes qui sont célébrées par des Prêtres étrangers , que pour le payement de la Cire & l'entretien des Ornements.

Il doit veiller que celui qui est choisi par le Bureau pour tenir le grand Livre, le fasse avec toute l'exactitude possible, & en parties doubles. Pour s'en assurer, il doit souvent le visiter & examiner s'il n'y a point d'omissions ou d'erreurs, & si tout y est rapporté dans le temps & dans l'ordre convenable.

Il doit avoir soin de faire enrégistrer sur ce même

Livre la date de tous les Baux à louage ou à ferme des Maisons & Domaines, les Contrats de Rentes foncieres ou constituées, de même que les Testaments, Donations & autres Actes qui forment les Titres de propriété des Biens appartenants à l'Hôpital, & faire mention des noms des Notaires qui ont reçu ces différents Actes ; il ne doit permettre sous aucun prétexte que ce Livre soit tenu ni transporté hors de la Maison.

Il doit prendre soin de faire noter avec exactitude sur ce même Livre, tous les changements qui arrivent dans la personne des Débiteurs, de même que de ceux qui possedent des Fonds sujets à des Pensions ou autres Redevances annuelles au profit de l'Hôtel-Dieu, afin que par une connoissance exacte des Débiteurs, le recouvrement des Sommes dues aux Pauvres devienne plus facile, & que l'on soit en état de prévenir les prescriptions.

Lorsque quelque Créancier demande le payement de ce qui lui est dû, ou que le Bureau juge à propos de faire le remboursement de quelque Dette à jour ou rente, le Recteur chargé de l'inspection du grand Livre doit faire lui-même la vérification de tout ce qui s'y trouve noté concernant la partie qu'il s'agit de rembourser, afin que sur le rapport qu'il en fait, le Bureau soit en état de prendre toutes les précautions convenables pour se libérer avec une entiere sûreté.

CHAPITRE X.

Des Fonctions du Recteur qui a la direction des Chirurgiens & de la Pharmacie.

CE RECTEUR est spécialement chargé d'avoir inspection sur la conduite du Chirurgien principal, & des Garçons Chirurgiens qui sont employés au service des Pauvres dans l'Hôpital ; il doit prendre soin de leur faire observer avec exactitude les Réglements particuliers qui les concernent, dont l'exécution lui est confiée.

IL doit faire un Inventaire de tous les Instruments de Chirurgie qu'il remet au Chirurgien principal, & le lui faire signer ; il doit lui fournir tous ceux dont il peut avoir besoin, tant pour les Opérations que pour les Démonstrations d'Anatomie ; & lorsque le temps du service du Chirurgien principal est fini, il doit vérifier s'il laisse tous les Instruments qui lui avoient été remis lors de son entrée dans la Maison, ou depuis ; & il doit prendre soin d'en charger celui qui lui succede, par un Inventaire fait dans la même forme.

IL est chargé de tenir un Registre qui est destiné à y inscrire les noms des Garçons Chirurgiens qui aspirent à entrer au service des Pauvres, le lieu de leur origine, & le jour auquel ils se présentent ; il ne doit cependant les infcrire fur ce Regiftre, qu'après qu'ils ont été examinés par l'un des Médecins de l'Hôtel-Dieu.

LORSQU'IL vient à vaquer une place de Garçon Chirurgien dans l'Hôpital, comme elles ne font accordées qu'au concours, ce même Recteur doit faire avertir les Garçons Chirurgiens de la Ville, du jour auquel le Bureau aura déterminé de l'admettre ; il doit prendre foin en même-temps d'en faire informer les Médecins de l'Hôtel-Dieu qui doivent y affifter.

CE RECTEUR eft encore fpécialement chargé d'avoir infpection fur les traitements des maux vénériens qui fe font deux fois l'année dans l'Hôtel-Dieu, l'une au Printemps & l'autre au commencement de l'Automne. Comme cette maladie, qui eft prefque toujours le fruit honteux de la débauche, n'eft point du genre de celles que l'on doit traiter dans cette Maifon, il ne doit recevoir aucunes perfonnes atteintes de ce mal, qui ne demeurent dans la Ville au moins depuis une année, ou qui ne foient domiciliées dans l'étendue du Gouvernement. Il doit écrire fur un Regiftre particulier les noms de ceux qui auront été reçus pour être traités, & ce qu'il aura exigé d'eux felon leurs facultés pour dédommager l'Hôpital d'une partie de ce qu'il en coûte pour le traitement de cette Maladie.

IL doit encore noter fur un autre Regiftre le nombre des Enfants teigneux qui font envoyés de la Maifon de la Charité pour être traités de cette maladie dans l'Hôpital. Il doit y infcrire les jours de leur entrée dans l'Hôtel-

Dieu & de leur fortie, & en retirer un Certificat de l'un de MM. les Recteurs de la Charité pour recevoir à la fin de l'année une fomme de dix livres que cette Maifon paye pour chacun des Enfants qui ont été traités.

LE RECTEUR chargé de cette partie de l'adminiftration doit encore fournir aux Sœurs de la Pharmacie, toutes les Drogues, de même que les Uftenfiles néceffaires pour la compofition des Remedes; il ne doit rien négliger pour que les Drogues que l'on emploie foient de la meilleure qualité; il reçoit comme les autres Recteurs le rembourfement des Avances qu'il eft obligé de faire, à la fin de chaque mois.

CHAPITRE

CHAPITRE XI.

Des Fonctions du Recteur qui est chargé de faire les Provisions de Bois & Charbons.

LE RECTEUR chargé de cet Emploi, doit faire, autant qu'il est possible, dans le cours du mois de Mai ou de Juin de chaque année, les Provisions nécessaires pour l'usage de la Maison, tant en bois de moule qui doit être du chêne, qu'en fagots de four & de cheminée, & en charbons de bois & de terre. Il ne doit en acheter que ce qui s'en consomme ordinairement pendant le cours d'une année, à moins qu'il ne trouve à le faire à un prix fort inférieur au prix ordinaire, & il ne doit point permettre que l'on en place dans les Cours de la Maison.

IL ne doit point acheter les bois & charbons sur les Ports, mais il doit traiter directement avec ceux qui en font les achats sur les Lieux, parce que l'Hôtel-Dieu jouissant de l'exemption des droits de Péages pour les Marchandises & Denrées qui se consomment dans la Maison, cette exemption deviendroit infructueuse aux Pauvres si l'on achetoit des Marchandises & des Denrées pour lesquelles ces Droits eussent déja été payés.

LORSQU'IL aura fait des Traités pour une certaine

quantité de bois ou de charbons, il fournira des Paſſeports pour l'exemption des Droits de Péages qu'il aura ſoin de remplir auparavant, de la quantité convenue, ſans qu'il puiſſe en donner dans leſquels cette quantité ne ſoit point exprimée; il donnera des Certificats de déchar-gement de ce qui aura été délivré à l'Hôtel-Dieu, leſ-quels feront ſignés par lui & par deux autres Recteurs, & feront en même-temps enrégiſtrés ſur le Livre que l'on tient à cet effet.

AVANT que de faire des Traités pour l'achat des bois & charbons, il doit conſulter le Bureau, & il doit en même temps avoir ſoin de ſe faire repréſenter les Traités faits les années précédentes, pour y prendre les connoiſſances & les inſtructions néceſſaires pour le faire au plus grand avantage des Pauvres. A la fin de chaque année, il remettra aux Archives les Traités qu'il aura fait lui-même, afin que ſes Succeſſeurs puiſſent y trouver les mêmes inſtructions.

CHAPITRE XII.

Du Recteur chargé de faire la Provision du Vin.

LA principale attention du Recteur qui est chargé de cette fonction, doit être de faire la provision du Vin nécessaire pour l'usage de la Maison, dans le temps le plus convenable, c'est-à-dire, ordinairement depuis la Toussaint jusqu'à Noël. Lorsque le Vin est à un prix inférieur au prix ordinaire, il doit en acheter une plus grande quantité que celle qui se consomme pendant le cours d'une année, ce qu'il ne doit faire cependant qu'après avoir consulté le Bureau ; & il doit toujours préférer, autant qu'il est possible, de prendre la moitié des Vins qui appartient aux Grangers de l'Hôtel-Dieu, parce que la qualité en est plus assurée. Lorsqu'il est obligé d'en acheter ailleurs, il doit toujours choisir des Vins de la meilleure qualité, & qui puissent être conservés avec moins de risques.

IL doit veiller que le Sommelier n'en distribue point, soit aux Malades, soit aux Personnes de la Maison, au de là de la quantité qui est prescrite par le Réglement dela Maison, & il doit avoir soin de se faire remettre à la fin de chaque semaine, une note exacte de la quantité qui en aura été consommée.

L'HÔTEL-DIEU jouit de l'exemption des Droits d'entrées pour tout le Vin qui se consomme dans la Maison.

H ij

CHAPITRE XIII.

Du Recteur chargé de faire la Provision des Bleds.

LE Recteur chargé de cette partie de l'adminif-tration, doit prendre foin qu'il y ait toujours dans la Maifon du Bled-froment au moins pour deux années; il convient même qu'il étende quelquefois cette provifion au delà, fi les Bleds font à un prix inférieur au prix ordinaire & de bonne qualité, ce qu'il ne doit cependant faire qu'après avoir pris l'avis du Bureau.

IL doit pourvoir à remplacer les Bleds à mefure de confommation, mais toujours en Bleds nouveaux, & de la meilleure qualité; & il doit avoir attention de retenir fur les marchés qu'il fait, une ou deux ânées pour cent de bénéfice en faveur des Pauvres.

LES Bleds que l'on confomme dans l'Hôtel-Dieu, font tirés le plus ordinairement des Provinces de Bourgogne & de Franche-Comté, de la haute Breffe & de Dauphiné: il convient, autant qu'il eft poffible, d'en faire faire les achats par des Freres de la Maifon, ou par des Perfonnes de confiance agréées par le Bureau; en prenant ce parti, l'on évitera les inconvénients auxquels l'on eft expofé, tant fur le choix des Bleds, que fur le prix & les mefures, de même que fur le trop long féjour des grains fur la Riviere.

Ceux qui feront chargés de cette Commiffion doivent avoir une parfaite connoiffance des Poids & Mefures des différentes Provinces où ils doivent faire des achats, de même que de leur réduction aux poids & mefures de cette ville ; ils doivent de même être informés des Bonnes mefures qu'il eft d'ufage d'accorder fur une certaine quantité de grains; & après qu'ils auront acheté la quantité de Bleds ordonnée par le Bureau, il convient, autant qu'il fera poffible, de le faire mettre dans des Sacs bien clos & cachetés, pour en faire la conduite en cette Ville. Le Recteur chargé de cette partie, fournira des Paffeports qui contiendront la quantité des Grains qui aura été achetée ; il fournira de même les Sommes néceffaires pour ces achats, dont il fera rembourfé comme le font les autres Recteurs de leurs Avances, à la fin de chaque mois ; & auffitôt après le retour de ceux qui auront été chargés de cette Commiffion, il prendra foin d'apurer leurs Comptes, qu'il joindra à celui qu'il rend lui-même chaque année au Bureau.

Les Greniers deftinés à recevoir les nouvelles Provifions, feront exactement nettoyés; & lorfque les Grains y auront été dépofés, le Recteur veillera à ce que l'on les remue fouvent, & principalement pendant la Saifon de l'Eté.

Il doit prendre foin que les Bleds que l'on envoie au Moulin, aient été auparavant bien nettoyés. Le Bled doit être pefé avant que d'être remis au Meûnier, qui doit rendre le même poids de Farine à deux livres près de diminution par ânée, qu'il eft d'ufage d'accorder. Le Frere qui eſt chargé du ſoin des Greniers, doit tenir un Livre, ſur lequel il note avec exactitude la quantité de Bled qu'il remet à chaque Meûnier & celle de Farine qu'il en reçoit. Le Recteur doit avoir ſoin de ſe faire ſouvent repréſenter ce Livre, pour s'aſſurer s'il eſt tenu avec toute l'exactitude convenable.

Il doit faire attention que la Maiſon ſoit toujours fournie d'une quantité ſuffiſante de Farine, c'eſt-à-dire, au moins pour trois mois de conſommation ; & il doit avoir ſoin, dès le mois de Septembre ou d'Octobre, d'en faire moudre une plus grande quantité que dans les autres Saiſons de l'année, à cauſe des approches de l'Hyver.

Il doit ſe faire rendre compte, au moins tous les trois mois, par le Frere chargé des Greniers, de toutes les Criblures des Bleds, & examiner ſi elles ne ſont point trop chargées de bons Grains : il eſt d'uſage de les envoyer dans les Domaines appartenants à l'Hôpital pour la nourriture de la volaille.

Il doit prendre ſoin que le Frere qui eſt commis à la Boulangerie, tienne un compte exact de la quantité de ſon qu'il remet au Frere Portier, ou à tel autre Frere que le Bureau juge convenable de prépoſer pour en faire la vente. Il doit, au moins tous les mois, en retirer le produit pour s'en charger dans le Compte qu'il rend à la fin de l'année, & il doit vérifier ſi ce produit eſt conforme à la quantité qui en aura été remiſe au Frere qui eſt chargé d'en faire la vente.

CHAPITRE XIV.

Du Recteur qui est chargé du soin des Enfants Orphelins & abandonnés , de ceux qui ont été exposés , des Enfants Bâtards & des Nourrices.

L'HÔPITAL reçoit tous les Enfants légitimes des pauvres Habitants de la Ville , dont les Peres & les Meres sont décédés , & qui sont au dessous de l'âge de sept ans, l'Hôpital les adopte, & il prend soin de leur éducation jusques au temps auquel ils doivent passer dans l'Hôpital de la Charité, qui est l'âge de six ans & sept mois accomplis , suivant les Réglements faits entre les deux Hôpitaux.

LORSQU'ON reçoit & que l'on adopte des Enfants orphelins , l'on doit en même-temps retirer leurs Extraits-Baptistaires , de même que les Extraits-Mortuaires , & le Contrat de Mariage ou l'Acte de Bénédiction nuptiale de leurs Peres & Meres ; tous ces Titres doivent être renfermés dans un Coffre destiné à cet usage , pour être remis avec les Enfants lorsqu'ils ont atteint l'âge de six ans & sept mois , aux Sieurs Recteurs de la Charité , auxquels l'on remet également tous les autres Papiers qui peuvent avoir été trouvés dans les Successions de leurs Peres ou Meres , de même que le produit des Effets de ces

Succeffions, s'il s'y eft trouvé quelque chofe. En cas de décès des Enfants Adoptifs avant qu'ils aient été remis à la Charité, l'Hôpital leur fuccede en conformité de l'Article X. des Lettres-Patentes de l'année 1716.

Les Enfants abandonnés ou délaiffés, c'eft-à-dire, ceux dont les Peres & Meres fe font abfentés, font auffi reçus dans l'Hôpital, s'ils font au deffous de l'âge de fept ans : l'abfence du Pere & de la Mere doit être juftifiée par le Certificat de l'un des fieurs Officiers du Quartier dans lequel ils avoient leur domicile ; après le rapport de ce Certificat, l'un des Recteurs eft encore chargé de prendre lui-même les informations convenables fur cette abfence, & fi les Enfants fe trouvent dans le cas d'être reçus, il doit fe faire remettre ou retirer leurs Extraits-Baptiftaires, qui font de même remis avec les Certificats d'abfence des Peres & des Meres aux Sieurs Recteurs de la Charité, avec les Enfants, lorfqu'ils ont atteint l'âge porté par les Réglements.

Les Enfants qui font expofés dans l'enceinte de la Ville font pareillement reçus dans l'Hôpital, lorfqu'après une exacte recherche l'on n'aura pu parvenir à découvrir ceux à qui ils appartiennent. Quant aux Enfants expofés à la Campagne, les Seigneurs des Lieux étant obligés de pourvoir à la dépenfe de leur nourriture & entretien en conformité de l'Arrêt de Réglement de la Cour du trois Septembre mil fix-cent foixante-fept, l'on ne les reçoit point fi les Seigneurs ne contribuent à cette dépenfe. Les Enfants expofés dans les Fauxbourgs de la Guillotiere

&

& de la Croix-Rouſſe, ſont reçus ſur un Billet d'invitation de la part de M. le Prévôt des Marchands, qui doit être demandé par les Officiers des Lieux, & apporté avec l'Enfant. Ce Billet eſt enſuite remis au Recteur chargé de cette partie de l'Adminiſtration, lequel en le repréſentant à l'Hôtel de Ville, à la fin de l'année, reçoit pour chaque Enfant la ſomme convenue avec MM. du Conſulat, dont il ſe charge en recette dans ſon Compte.

Tous les Enfants expoſés qui ſont reçus dans l'Hôpital, doivent être inſcrits ſur un Regiſtre particulier par celui des Freres auquel le Bureau juge à piopos de confier ce ſoin. Il doit exactement noter ſur ce Regiſtre l'année, le mois & le jour de leur réception, le lieu & l'heure à laquelle ils ont été trouvés expoſés ; la qualité & la couleur des Langes, Bonnets ou autres habillements dont ils étoient couverts, le Billet ou autres marques qu'ils pouvoient avoir, les noms de ceux qui les ont apportés, & par qui ils ont été envoyés. Lorſque quelqu'un de ces Enfants vient à décéder, le jour de ſon décès doit être noté en marge de l'expoſition ; l'on doit y marquer de même l'année & le jour auxquels ils auront été envoyés à la Campagne, celui auquel ils en auront été retirés, de même que l'année & le jour qu'ils auront été remis à la Charité. Lorſque ce Regiſtre eſt rempli, il doit être remis aux Archives de l'Hôtel-Dieu, pour que l'on puiſſe y avoir recours en cas de beſoin.

Lorsque le Recteur chargé du ſoin des Enfants eſt informé qu'il y a quelque Fille enceinte ſoit dans la Ville ou dans les Lieux circonvoisins , il doit la faire arrêter avec tous les ménagements que la prudence peut lui suggérer, pour tâcher de découvrir celui des faits duquel elle est enceinte, afin de l'obliger à contribuer à la nourriture de l'Enfant, qui sans cette précaution est presque toujours exposé & souvent même en danger de perdre le jour aussitôt qu'il l'a reçu.

Tous les Enfants qui sont reçus dans l'Hôpital , soit comme Adoptifs , Exposés , Abandonnés ou Bâtards , doivent être marqués au moment de leur réception, d'un numero différent , par l'un des Freres de la Maison qui est chargé de ce soin : ces Numeros avec les Armes de l'Hôtel-Dieu sont gravés sur une Médaille de plomb qui doit être attachée au cou de l'Enfant, avec un Cordon de soie bleue, de maniere que l'on ne puisse enlever la Médaille sans rompre le Cordon. Les Numeros destinés à marquer ces Enfants , sont depuis N°. 1. jusques à N°. 8000. Lorsqu'ils sont remplis l'on doit toujours recommencer par le premier N°. Les Coins & Marques qui servent à imprimer ces différents Numeros sont déposés dans le Bureau particulier, dans lequel on fait le payement des Nourrices.

Les Enfants reçus dans l'Hôpital sont envoyés à la Campagne pour y être nourris jusques à ce qu'ils aient atteint l'âge auquel ils doivent passer dans la Maison de la Charité , ou au moins jusques à celui de six ans. Il est d'usage de les envoyer par préférence dans les Villages qui sont situés dans les Montagnes du Lyonnois, Forez

& Beaujolois, à caufe de la falubrité de l'air & de l'abondance des Denrées néceffaires à la vie.

L'on ne doit donner aucun Enfant à nourrir, que la Sœur qui a foin des Accouchements n'ait examiné fi les Femmes qui fe préfentent font en état de les bien nourrir, & fi elles ne rapportent une atteftation du Curé de leur Paroiffe fur la régularité de leurs mœurs. On leur donne pour chaque Enfant à la mamelle, un Berceau, trois Langes de cordillat, fix Drapeaux qui doivent être faits avec des Draps qui aient déja fervi, pour qu'ils foient moins rudes, deux Bandes, deux Beguins & un Bonnet de laine; fix mois après que l'Enfant leur a été remis, on leur donne une aune & demie de Toile neuve de deux tiers de largeur. L'on doit noter avec exactitude fur le Regiftre deftiné à cet effet les noms de ceux chez lefquels les Enfants font mis en nourrice, la Paroiffe fur laquelle ils demeurent, l'année & le jour que les Enfants leur ont été donnés, de même que toutes les Nippes & Hardes qui ont été remifes pour leur ufage; l'on doit de même faire une exacte mention du Numero qui a été attaché au col de chaque Enfant, afin que l'on ne puiffe point les changer, ou qu'en cas de décès l'on n'en puiffe point fuppofer d'autres à leur place. Si l'Enfant vient à mourir chez ceux auxquels il avoit été remis, ils doivent rendre les Nippes & Hardes qu'ils avoient reçues, dans l'état ou elles fe trouvent, avec le Numero qui avoit été attaché au cou de l'Enfant, & rapporter un Certificat du Curé des Lieux, du jour du décès, pour qu'ils puiffent être payés de la nourriture qu'ils lui ont fourni jusques alors.

ON donne pour la nourriture de chaque Enfant qua-rante-deux livres par année : ces payements se font tous les Vendredis dans l'Hôtel - Dieu par le Recteur chargé de la direction des Enfants, ou par quelqu'un commis de sa part, qui doit toujours être accompagné de l'un des Freres de la Maison qui note exactement sur le Livre tenu à cet effet, la Somme qui aura été payée au Nourricier, de même que le jour du payement ; il ne doit en être fait aucun, que le Nourricier n'ait gardé l'Enfant au moins pendant l'espace de trois mois, qu'il ne rapporte un Certificat du Curé des Lieux, qui atteste qu'il est actuellement en vie, & qu'il ne soit reconnu que le Cordon auquel le Numero servant à désigner l'Enfant, avoit été attaché, n'est point rompu.

LORSQUE le Nourricier a gardé les Enfants pendant une année, ou qu'ils ont déja atteint cet âge, lorsque l'on les donne à nourrir, l'on fournit pour chaque Enfant une Robe de Drap bleu, une paire de Bas de laine, un Bonnet de laine, une paire de Souliers & une aune & demie de Toile neuve de deux Tiers de largeur ; à un an & demi, l'on donne encore une aune & demie de Toile de la même largeur ; à deux ans, l'on donne de même une Robe, des Bas de laine, des Souliers, un Bonnet de laine & deux aunes de Toile ; à deux ans & demi, l'on donne de même deux aunes de Toile ; à l'âge de trois ans, l'on donne une Robe, des Bas, des Souliers, un

Bonnet, & deux aunes & demie de Toile; lorſque l'Enfant à atteint l'âge de trois ans & demi, l'on lui donne encore deux aunes & demie de Toile ; lorſqu'il a atteint celui de quatre ans, on lui donne une Robe, des Bas, des Souliers, un Bonnet & quatre aunes de Toile ; & enfin lorſqu'il eſt parvenu à l'âge de cinq ans & demi, on lui donne pareillement une Robe, des Bas, des Souliers, un Bonnet & quatre aunes de Toile , ce qui doit ſuffire pour ſon entretien juſqu'au temps où il eſt ramené à l'Hôtel-Dieu. Toutes ces choſes, à l'exception des Toiles , ſont fournies par le Recteur chargé de la Direction des Enfants.

Il eſt d'uſage d'employer pour les Robes, de même que pour les Corcets des Enfants, du Cordillat étroit de Saint-Genis : la quantité qui en doit être employée , eſt déterminée par leur âge ; ſçavoir celle de ſept ſixiemes pour chaque Corcet d'Enfants ; une aune & un ſeizieme pour les Robes des Enfants qui ne ſont âgés que d'un an ; une aune & un quart pour celles des Enfants de deux ans ; une aune & tiers de Cordillat de Saint-Genis , large, pour celles des Enfants de trois ans ; une aune & demie du même Cordillat large, pour celles des Enfants de quatre ans ; & pour celles des Enfants qui ont atteint la ſixieme année , une aune & deux tiers du même Cordillat.

Les Enfants qui ont été envoyés à la Campagne pour y être nourris, doivent être viſités, au moins une fois l'année, par le Recteur chargé de cette direction, ou à ſon défaut, par l'un des Freres de la Maiſon, qui doit examiner avec ſoin s'ils ſont bien nourris & entretenus , ſi l'on ne fait point fervir à d'autres, les Nippes & Hardes deftinées à leur ufage, fi les Cordons auxquels font attachés les Numeros fervant à les défigner, font en bon état ; & dans le cas où il les trouveroit rompus, il doit en remettre d'autres, pourvu qu'il ne découvre point de fuppofition d'un Enfant au lieu d'un autre. Il doit retirer les Enfants qui lui paroîtroient n'être pas bien entretenus, & les placer ailleurs. Le temps le plus convenable pour faire cette vifite, qui ne doit jamais être omife fous aucun prétexte, eft celui du commencement de l'Eté.

Lorsque quelques-uns de ces Enfants viennent à décéder, ils doivent être enterrés par les Curés des Paroiffes où ils meurent fans aucune rétribution, conformément aux Ordonnances rendues à cet égard par MM. les Archevêques & Evêques.

Lorsque les Enfants approchent de l'âge auquel ils doivent paffer dans la Maifon de la Charité, ils font retirés de la Campagne. Au moment de leur arrivée dans l'Hôtel-Dieu, & avant qu'on les faffe entrer dans l'Appartement qui leur eft deftiné, l'on doit examiner avec foin fi la Médaille qui avoit été attachée à leur Cou lors de leur réception dans l'Hôpital, eft encore en bon état, & fi l'empreinte du N°. qui y avoit été gravé, n'eft point effacée : s'il paroît que la Médaille ait fouffert quel-que altération, l'on doit fur le champ en fubftituer une autre avec l'empreinte du même Numero auquel l'Enfant avoit été marqué, lorfqu'il avoit été reçu dans l'Hôpital, afin d'éviter par cette précaution qu'il ne puiffe fe faire aucune confufion dans les Numeros qui fervent à défigner les Enfants.

LE premier Jeudi après le Dimanche de *Quafimodo*, l'Avocat de la Charité & le Recteur Drapier fe rendent à l'Hôtel-Dieu pour y faire la vérification de l'âge des Enfants qu'on doit leur remettre : cette vérification fe fait fur le Regiftre fur lequel le temps de la réception des Enfants à l'Hôtel-Dieu, & leur âge ont été infcrits ; elle eft faite en préfence de l'Avocat de l'Hôpital, & du Recteur chargé de la direction des Enfants ; après quoi ceux des Enfants qui ont été reconnus avoir atteint l'âge requis font envoyés, le Dimanche fuivant, à la Charité.

L'ENTRE'E des Appartements des Nourrices & des Enfants doit être fermée à toutes fortes de perfonnes : les Chirurgiens & les Domeftiques ne doivent y aller, pour quelque caufe que ce foit, fans la permiffion du Recteur chargé de la direction de cette partie, ou en fon abfence, fans celle de l'Econome ; & au cas qu'ils fuffent entrés dans cet Appartement fans cette permiffion, ils doivent être mis hors de la Maifon, au Bureau le plus prochain.

LORSQU'IL y aura quelques Malades dans cet Appartement, le Médecin y entrera feul, avec une des Sœurs, qui aura foin de fonner auparavant la Cloche deftinée à avertir de l'entrée du Médecin.

S'IL fe trouve quelque Fille qui foit dans le cas de devoir être vifitée par le Chirurgien, cette vifite ne doit être faite qu'en préfence de deux Sœurs.

Les Domestiques prendront & rapporteront la vaiſſelle de même que toutes les autres choſes qui peuvent être néceſſaires dans cet Appartement, ſans y entrer, & ſans aller plus loin que le veſtibule des Sœurs.

Comme il eſt très-important pour le bien de la Maiſon, que pluſieurs des Filles qui ſe ſont conſacrées au ſervice des Pauvres, acquierent les connoiſſances & l'expérience qu'exige l'Art des Accouchements, & qu'il eſt en même-temps eſſentiel que cet emploi, qui demande autant de capacité que de zele à en remplir les devoirs, ne ſoit confié qu'à des Sœurs reçues dans la Maiſon, & dont la conduite ait été éprouvée depuis long-temps, il convient pour remplir cet objet, qu'il y ait toujours dans cet emploi trois Sœurs au moins, qui doivent être choiſies par le Bureau, & que l'on changera lorſqu'on le jugera à propos, afin que la Maiſon ne puiſſe jamais ſe trouver dépourvue de Sujets qui puiſſent ſe ſuccéder les uns aux autres, ou remplacer ceux que l'on pourroit deſtiner ailleurs.

Le Recteur chargé de la direction de cette partie, doit à la fin du temps de ſon ſervice faire un Inventaire exact & général de toutes les Hardes & Etoffes qui ſe trouveront dans la Maiſon pour l'uſage des Enfants que l'Hôpital reçoit ; il doit remettre cet Inventaire au Recteur qui lui ſuccede, pour qu'il ſoit en état de ſe faire rendre compte de tout ce que ſon Prédéceſſeur à laiſſé ; il doit en même-temps lui remettre toutes les Déclarations, Commiſſions, Promeſſes & autres Papiers qui peuvent concerner les fonctions dont il étoit chargé pendant le temps de ſon ſervice.

Ce

CE Recteur pendant le cours de son administration est remboursé à la fin de chaque mois par le Trésorier, de toute la dépense qu'il a faite, & il ne compte de la Recette qu'il peut faire, qu'à la fin de chaque année, dans le Compte général qu'il rend pour lors comme les autres Recteurs.

MODELES des Certificats des Curés, qui doivent être rapportés par ceux qui se présentent pour nourrir des Enfants de l'Hôtel-Dieu, ou pour recevoir le payement de la nourriture qu'ils leur ont fournie.

1 *JE soussigné Curé de la Paroisse de   certifie que   & sa Femme, qui sont domiciliés dans ladite Paroisse, sont gens de bonnes mœurs, & qu'un Enfant de mamelle sera bien nourri chez eux, le leur étant mort depuis   ou étant âgé de   & n'en ayant point d'autres de mamelle. Fait à   ce*

2 *JE soussigné Curé de la Paroisse de   certifie avoir vu dans la Maison de   mes Paroissiens,   Enfant de l'Hôtel-Dieu de Lyon, marqué au N°.   le Cordon de sa Médaille étant en bon état   ou rompu. Fait à ce*

3 *JE soussigné Curé de la Paroisse de   certifie que   Enfant de l'Hôtel-Dieu, marqué au N°.   & nourri chez mes Paroissiens, est décédé depuis le Fait à   ce*

K

CHAPITRE XV.

Des Fonctions des Recteurs chargés. des Distributions qui se font dans la Ville.

L'HÔTEL-DIEU est en usage de donner quelques secours aux pauvres Femmes de la Ville pour aider à la nourriture de leurs Enfants, jusques à ce qu'ils aient atteint l'âge de quinze mois. Ces secours consistent dans une aumône de trente, quarante, cinquante & jusques à soixante sols par mois, à proportion des besoins : lorsque la nécessité des Parents est extrême, l'on donne, outre l'aumône en argent, un Trousseau pour l'Enfant.

LORSQU'UNE Femme se présente pour demander ce secours, elle doit s'adresser au Recteur chargé de la distribution du Quartier dans lequel elle demeure, & lui présenter l'Extrait-Baptistaire de son Enfant, pour justifier qu'il est légitime : le Recteur prend les informations que sa prudence lui suggere pour s'assurer si elle est éffectivement dans le cas de la nécessité ; les informations prises & la nécessité reconnue, l'Enfant doit être marqué avec un Numero imprimé sur une Médaille de plomb, sur le revers de laquelle sont gravées les Armes de l'Hôtel-

Dieu, avec ces mots : *Enfant légitime de Lyon.* Cette Médaille doit être attachée au cou de l'Enfant avec un Cordon de foie, de maniere que l'on ne puiffe la retirer qu'en coupant le Cordon.

CHAQUE Recteur chargé d'une diftribution, doit avoir un Regiftre fur lequel il infcrit les noms & fur-noms des Enfants pour lefquels ce fecours eft accordé, leur âge, & la paroiffe fur laquelle ils ont été baptifés, les noms de leurs Peres & Meres, leur profeffion, leur domicile & le nombre des Enfants qu'ils ont, pour proportionner les fecours qu'on leur donne à leurs befoins.

LES diftributions des différents Quartiers de la Ville font au nombre de cinq ; chaque diftribution a fes Numeros particuliers : lorfqu'ils font épuifés, l'on doit recommencer par le premier Numero de cette diftribution, fans en employer d'autres que ceux qui font deftinés pour chaque diftribution en particulier.

LES cinq diftributions, qui comprennent tous les Quartiers de la Ville, font celles du Quartier de Bon-Rencontre, de la grande Côte & du Griffon, de Saint George, de la Grande-rue & du Quartier de Bourg-neuf.

LES Numeros du Quartier de Bon-Rencontre commen-ceront depuis 8001 jufques à 8400.

CEUX du Quartier de la grande Côte & du Griffon depuis 8401. jufques à 9000.

CEUX du Quartier de Saint George depuis 9001 juf-ques à 9300.

K ij

CEUX du Quartier de Bourg-neuf depuis 9301 juſques à 9600.

ET ceux de la Grande-rue depuis 9601 juſques à 9999.

OUTRE ces Réglements généraux ſur l'ordre & la forme des diſtributions, il y a une inſtruction particuliere à cet égard, qui doit être remiſe à chaque Recteur qui eſt chargé de la diſtribution d'un Quartier.

CHAPITRE XVI.

Du Recteur qui est chargé de la fonction de Procureur du Bureau.

LE RECTEUR chargé de cette fonction, doit écrire tous les Dons & Legs qui font faits aux Pauvres fur un Livre qui doit être mis fur la Table, tous les jours de Bureau. Il doit de même tenir une note fur un autre Livre des différents objets journaliers fur lefquels le Bureau a pris quelque détermination.

Il doit noter fur le même Livre des Legs, les noms des anciens Recteurs qui viennent à décéder, pour chacun defquels il doit être fait, fuivant l'ufage, un Service folemnel dans l'Eglife de l'Hôpital, de même que pour tous les Particuliers qui ont légué aux Pauvres une fomme au moins de 100 livres. Tout le Bureau affifte à ces Services; le Procureur & fon Subftitut font chargés du foin de faire l'invitation à la Famille dans la perfonne du plus proche parent du Défunt, auquel ils laiffent un Billet fur lequel le jour & l'heure du Service font indiqués : cette invitation doit précéder de quelques jours celui du Service.

Il doit enrégiftrer tous les jours, avant le Bureau, fur le Livre deftiné à cet effet, les jours d'entrées & de fortie des Malades qui font traités dans les Chambres particulieres; il notera de même fur le Livre que l'on tient pour les Chambres baſſes les jours d'entrées & ſorties des Inſenſés ou Furieux. Le Procureur eſt ſpécialement chargé de l'adminiſtration de cette partie , & c'eſt à lui que doivent s'adreſſer les Parents ou autres perſonnes qui veulent faire entrer à l'Hôtel-Dieu des Malades de ce genre. On ne les garde dans la Maiſon que pendant le temps néceſſaire pour leur faire faire les remedes convenables à leur état, après lequel quel qu'en ſoit le ſuccès, ils doivent être rendus à leur Parents, ou aux perſonnes de qui on les a reçus. L'Econome doit rendre compte chaque jour de Bureau, au Procureur, de ce qu'il a reçu, tant pour les Malades qui ont été traités dans les Chambres particulieres, que pour les Inſenſés : le Procureur en tient une note journaliere ſur un Livre deſtiné à cet effet, & il doit en remettre le produit au Recteur Tréſorier.

Le Procureur eſt également chargé du ſoin d'enrégiſtrer ſur le Livre deſtiné à cet uſage, les Penſions annuelles que le Bureau par des conſidérations particulieres juge à propos d'accorder à titre d'aumône : le payement en eſt fait par ſes mains ſur les deniers de ſa Recette, & il doit en faire note ſur le même Regiſtre qui contient le détail des ſommes qu'il reçoit.

Chaque jour d'aſſemblée du Bureau , le Procureur doit faire lecture du Livre qui ſert à indiquer les différentes cérémonies que le Bureau eſt en uſage de remplir, telles que les Services qui ſe font chaque année pour les différentes compagnies de la Ville, la forme des Invitations, & les jours auxquels elles doivent être faites; il doit de même prévenir chacun des Recteurs fur les obligations particulieres qui les concernent, & il doit pourvoir à tout ce qui eft néceffaire, foit pour les jours d'affemblées du Bureau, foit pour les vifites qui fe font aux nouveaux Recteurs avant leur entrée, de même que pour celles que le Bureau fait à Monfeigneur l'Archevêque, à Monfieur le Commandant & à Monfieur le Prévôt des Marchands, après l'entrée des nouveaux Recteurs; il doit encore repréfenter au Bureau avant la fortie des anciens Recteurs, que la diftribution des Emplois doit être faite à la pluralité des voix, & que l'on doit affigner à chacun celui qui eft jugé lui être le plus convenable.

Lorsque les Pauvres de l'Hôtel-Dieu ont été inftitués héritiers par quelque particulier qui vient à décéder, le Procureur doit fe tranfporter avec toute la diligence poffible dans le domicile du Défunt ; il doit y faire apofer les Scellés, parce qu'il eft de regle de n'accepter aucune Hoirie que fous Bénéfice d'Inventaire ; il doit donner les ordres convenables pour les frais funéraires, & en donner avis au Bureau, qui eft en ufage d'affifter aux Obfeques de ceux qui ont inftitué les Pauvres leurs héritiers.

CHAPITRE XVII.

Des Fonctions de l'Econome.

L'ECCLE'SIASTIQUE qui est choisi par le Bureau pour remplir la place d'Econome de l'Hôpital, doit être l'exemple de tous ceux qui composent cette Maison ; il doit les porter à la pratique de toutes les vertus, & en particulier à celle de la charité envers les Pauvres, bien plus encore par sa conduite, que par ses discours ; il doit donner tous ses soins à maintenir l'ordre & à faire observer les Réglements de la Maison, & il doit veiller avec l'attention la plus exacte sur la conduite & les mœurs de tous ceux qui la composent.

IL doit prendre soin de faire examiner par le Chirurgien de la Maison, les Malades qui se présentent pour être reçus dans l'Hôpital ; il doit plusieurs fois chaque jour les visiter, pour s'assurer si l'on en prend tout le soin nécessaire, & si les personnes chargées de les servir, s'en acquittent avec exactitude ; il doit assister à leur dîner & souper, & autant qu'il est possible, à la visite des Médecins, afin de prendre connoissance de l'état des Malades, & des secours dont ils peuvent avoir besoin.

IL doit tenir un Registre sur lequel il doit écrire avec exactitude tout ce qui entre dans la Maison, soit Bled, Vin, Bois, Charbons, Toiles, Etoffes, Drogues &
généralement

généralement tout ce qui se consomme dans l'Hôpital ; il doit représenter ce Regiſtre au Bureau toutes les fois qu'il en eſt requis.

Il doit renfermer dans un Magaſin dont la clef doit reſter en ſon pouvoir, les Huiles, Sel, Sucre, Caſſonade, Raiſins ſecs, Pruneaux & autres Denrées néceſſaires à l'uſage de la Maiſon, pour ne les diſtribuer qu'à meſure de conſommation & de beſoin.

Il doit diſtribuer avec prudence les différents emplois de la Maiſon, ſuivant les talents & les diſpoſitions particulieres des ſujets qui la compoſent, ce qu'il ne doit cependant faire que de l'avis du Recteur chargé de la direction de l'intérieur de l'Hôpital ; quant au choix du Frere Portier, de même que des Freres qui ſont chargés de tenir des Livres & Regiſtres concernant les affaires de l'Hôpital, le choix n'en doit être fait & ils ne peuvent être changés que de l'avis du Bureau, à cauſe de l'importance des fonctions qui leur ſont confiées.

Comme il eſt ſpécialement chargé du ſoin des Malades, il doit porter ſon attention ſur tout ce qui peut intéreſſer leur ſanté ; il doit avoir ſoin que les Salles ou Infirmeries deſtinées à les recevoir, ſoient tenues avec toute la propreté poſſible, que les Fenêtres en ſoient ouvertes autant que le temps & la ſaiſon peuvent le permettre ; il doit veiller que ceux qui ſont employés à la garde des portes ne laiſſent rien introduire dans la Maiſon qui puiſſe nuire au rétabliſſement de la ſanté des Malades, & il ne doit point permettre qu'aucune perſonne mange ou boive dans les

L

Infirmeries , auprès des Malades , ou passe la nuit auprès d'eux, sous prétexte de parenté, d'affection ou de charité, ce soin ne devant être confié qu'aux personnes de la Maison.

L'ECONOME doit remettre chaque jour aux Sœurs chargées du soin de la Cuisine la quantité de viande nécessaire par rapport au nombre de personnes qui sont dans la Maison, tant Malades, Officiers que Domestiques : cette quantité doit être à raison de septante livres de viande ou environ pour cent personnes, eu égard à ce que plusieurs des Malades, de même que les Enfants, n'en mangent point , ou n'en consomment qu'une très-petite quantité.

TOUS les soirs après la Priere de la Communauté , le Domestique commis par l'Econome doit fermer toutes les Portes de la Maison , & en remettre les clefs à l'Econome, qui doit aussi s'assurer par lui-même si les portes principales sont exactement fermées : l'Econome rendra le matin ces mêmes clefs à ceux entre les mains desquels elles doivent rester pendant le cours de la journée.

SI quelqu'un des Officiers , des Freres ou des Sœurs, ou des Domestiques de la Maison , est malade, l'Econome doit avoir une attention particuliere à le faire servir avec tout le soin possible. La regle de la Maison est que les Freres & les Sœurs , de même que les Domestiques, soient placés dans les Salles des autres malades, afin qu'ils puissent être servis avec plus de commodité.

SI quelque Malade étant dans l'Hôpital veut disposer de ses Biens , il lui est libre de faire appeller tel Notaire

& Témoins qu'il jugera à propos ; & si sa disposition renferme quelque avantage en faveur des Pauvres, l'Econome doit en faire une note , de même que du nom du Malade , de celui du Notaire qui aura reçu sa disposition , & du jour qu'elle aura été faite , & il doit remettre cette note aux Recteurs, au premier jour de Bureau suivant.

L'Econome doit tenir un Registre sur lequel il marque exactement chaque jour , les Dons , Aumônes & Charités qui sont envoyés à l'Hôtel - Dieu pour être remis dans la boëte des Pauvres , lorsqu'ils sont en deniers , au premier jour de Bureau; si ces Aumônes consistent en Denrées , l'Econome doit également en faire note , en informer les Recteurs, & les faire mettre dans les endroits destinés à les recevoir.

Il doit avoir un Livre qui contienne en détail toutes les Fondations, Obits & Anniverfaires dont l'Hôpital est chargé ; il doit y ajouter les nouvelles Fondations qui peuvent être faites , & il doit prendre soin qu'elles soient acquittées avec toute l'exactitude possible , conformément à la volonté des Fondateurs.

Lorsque l'on est obligé d'employer des Ouvriers étrangers , soit dans l'Hôtel-Dieu , soit dans les Maisons qui lui appartiennent , l'Econome doit tenir une note exacte du nombre des journées pendant lesquelles ils travaillent, pour être représentée au Recteur chargé de l'entretien des Bâtiments lors du payement des Ouvriers.

En l'absence du Recteur chargé de la direction des Bleds , l'Econome doit être présent lors de la vente qui

CHAPITRE XVIII.

Des Fonctions des Prêtres.

L'ECONOME est aidé dans la direction du Spirituel de l'Hôpital par sept autres Prêtres choisis par le Bureau, & qui font employés tant à deſſervir l'Egliſe & la Sacriſtie, qu'à adminiſtrer les Sacrements aux Malades, & à leur faire les inſtructions & les exhortations convenables. Les quatre plus anciens régiſſent la Sacriſtie alternativement, chacun par quartier, de trois en trois mois; ce temps expiré ils ſervent à leur tour & rang dans les différentes Infirmeries de la Maiſon, dans leſquelles il y a toujours trois Prêtres occupés pendant une ſemaine entiere & ſans interruption au ſervice des Malades; ſçavoir deux dans les Infirmeries des Fiévreux & Fiévreuſes, dans les chambres particulieres des Femmes malades & des Convaleſcentes, dans les appartements des Femmes en couche, & dans les chambres baſſes; le troiſieme ſert dans les Infirmeries des Hommes & Femmes bleſſés, & dans les chambres particulieres des Hommes malades, & des Convaleſcents. On donne le nom d'Infirmier & de premier Vicaire aux deux Prêtres qui travaillent conjointement dans les Salles des Malades atteints de la Fiévre, & celui de ſecond Vicaire au Prêtre qui remplit tout à la fois les fonctions d'Infirmier & de Vicaire dans les Salles des Bleſſés.

COMME les Prêtres pendant leur femaine de fervice dans les Infirmeries, fe doivent entiérement aux befoins Spirituels des Malades, ils ne doivent fortir de l'Hôpital que pour des caufes extrêmement preffantes ; & ils ne peuvent le faire dans ce cas qu'après en avoir informé l'Econome, & s'être fait remplacer par quelqu'un de leurs Confreres.

LE Prêtre qui fait la fonction d'Infirmier dans les appartements des Fiévreux, doit infcrire avec exactitude fur le Regiftre que l'on tient dans la Sacriftie, le jour de l'entrée des Malades qui font reçus dans les différentes Infirmeries de la Maifon, leurs noms, leur âge, la falle & le numero du lit où ils ont été placés ; il eft également chargé du foin d'infcrire fur le Regiftre deftiné à cet ufage les noms de ceux qui viennent à décéder dans l'Hôpital, de même que le jour de leur décès ; & il doit encore en faire note à la marge du Regiftre de l'entrée des Malades. Ces deux Regiftres ne doivent jamais être fignés que par les Infirmiers en fonction, fans qu'ils puiffent l'être par les autres Prêtres de la Maifon.

L'INFIRMIER doit adminiftrer les Sacrements de Pénitence, d'Euchariftie & d'Extrême-Onction à tous les Malades des différents appartements, dont le foin lui eft confié ; il doit tous les jours célébrer la Meffe à l'Autel des falles des Fiévreux, après laquelle il porte la Communion aux Malades qui font en état de la recevoir : il eft accompagné par les quatre premiers Chirurgiens, portant chacun un flambeau, les autres fuivent fans flambeaux avec les Freres & les Garçons Domeſtiques de l'Hôpital.

L'Infirmier doit recevoir l'argent ou les autres effets apportés par les Malades ; il fait mention de tout ce qui lui eſt remis, ſur le Livre des dépôts qui eſt dans la Sacriſ-tie, de même que des noms & ſurnoms des Malades qui lui ont remis de l'argent ou des effets , des ſalles & des numeros des lits dans leſquels ils ont été placés. Si les Malades guériſſent l'Infirmier doit leur rendre tout ce qu'il a reçu d'eux, ſans que dans aucun cas, ni ſous aucun prétexte il puiſſe en retenir aucune choſe, ni rien recevoir des Malades ; s'ils viennent à décéder dans l'Hôpital , l'argent & les autres effets qu'ils ont apportés, appartien-nent à la Maiſon, à moins qu'ils n'en aient valablement diſpoſé d'une autre maniere, ſoit pour œuvres pies, reſti-tutions, ou autres uſages , ce qu'ils ne peuvent faire cepen-dant qu'en déclarant expreſſément leurs intentions à l'un des Recteurs, ou en leur abſence à l'Econome.

Les fonctions du premier Vicaire conſiſtent principa-lement à préparer les Malades Fiévreux & Fiévreuſes & autres dont il eſt chargé, à recevoir les Sacrements ; à inſtruire des Miſteres & des devoirs de la Religion , ceux qui paroiſſent être dans le cas d'avoir beſoin d'inſtruction, & à faire les Prieres de la recommandation de l'Ame aux Agoniſants ; il doit chaque jour célébrer la Meſſe à l'Autel qui eſt dans l'appartement des Femmes convaleſcentes.

Le ſecond Vicaire eſt ſeul chargé du ſervice des Infir-meries des Hommes & Femmes bleſſés, des ſalles & cham-bres particulieres, & des Convaleſcents. Il doit remplir dans

ces

ces différents appartements toutes les fonctions d'Infirmier & de Vicaire ; il célebre chaque jour la Meffe à l'Autel de l'appartement des Bleffés, après laquelle il doit porter la Communion à tous les Malades de cet appartement, qui font difpofés à la recevoir ; il eft de même chargé du foin de leur adminiftrer les autres Sacrements, & de leur donner tous les Secours fpirituels qui peuvent dépendre de fon miniftere.

L'EMPLOI de la Sacriftie eft confié ('comme on l'a dit) aux quatre Prêtres les plus anciens, par ordre de réception, qui l'exercent alternativement & par quartier, de trois en trois mois, de maniere que le fervice du plus ancien commence au premier Janvier & finit au premier jour d'Avril, & ainfi fucceffivement des uns aux autres.

LE Sacriftain doit être chargé par un inventaire, de tous les Vafes facrés, des Ornements, Livres, Linges, Argenterie, & généralement de tout ce qui fert à l'Eglife & à la Sacriftie, pour en rendre compte à la fin du temps de fon fervice, au Recteur qui a l'infpection fur cette partie.

IL doit baptifer tous les Enfants qui naiffent dans l'Hôpital, de même que les Enfants expofés qui y font reçus ; il doit faire tous les Enterrements des Malades décédés dans l'Hôtel-Dieu, qui font inhumés au Fauxbourg de la Guillotiere.

IL eft fpécialement chargé de faire acquitter toutes les Fondations de Meffes, Offices de Morts, ou autres Prieres, avec la plus fcrupuleufe exactitude ; il doit avoir foin de tenir un Regiftre fur lequel il infcrit toutes les Meffes dont

M

il reçoit la rétribution ; il doit les faire célébrer le plutôt qu'il est possible, & en faire mention sur le même Regiftre.

IL doit enfin faire des Inftructions trois fois chaque femaine dans les différentes Infirmeries qui font affignées au fecond Vicaire ; & fi quelqu'un des Prêtres actuellement employés au fervice des Malades , vient à être indifpofé , c'eft au Sacriftain à remplir toutes fes fonctions, jufqu'à ce qu'il foit en état de les reprendre.

Tous les Prêtres qui ne font pas actuellement occupés dans les Infirmeries , doivent affifter exactement aux grand'Meffes , aux Vêpres des Dimanches & des Fêtes, aux Bénédictions , aux Proceffions , aux Offices des Fêtes de Noël & de la Semaine Sainte , aux Services que l'on fait pour les Défunts , & généralement à tous les Offices Divins que l'on célebre dans l'Eglife de l'Hôtel-Dieu ; ils peuvent entendre en Confeffion les perfonnes de dehors qui fe préfentent à eux, mais il leur eft abfolument interdit de confeffer aucunes des perfonnes de la Maifon , Freres, Sœurs, Prétendants ou Prétendantes, Incurables, ou autres quelles qu'elles foient.

LES fonctions des Prêtres étant auffi multipliées qu'elles le font , il n'étoit pas poffible de les renfermer toutes dans des Réglements généraux: il y a un Réglement particulier qui contient un détail plus étendu de leurs différentes obligations , & qui leur eft remis lors de leur entrée dans l'Hôpital; ils doivent s'y conformer avec toute l'exactitude qu'exige d'eux l'importance & la fainteté de leur Miniftere.

CHAPITRE XIX.

Des Médecins employés au service des Pauvres de l'Hôtel-Dieu.

LES ME'DECINS employés à ce service, font choisis & nommés par le Bureau à la pluralité des fuffrages. Ils font au nombre de deux, dont le premier eft chargé du foin des Malades qui font atteints de la Fievre, des Convalefcents, des Enfants & des Infenfés : l'autre eft chargé du foin des Bleffés, & de ceux qui font reçus pour être traités des maux vénériens ; il eft encore chargé de celui d'ordonner les remedes convenables à tous les Pauvres qui fe préfentent, & dont les indifpofitions n'exigent pas qu'ils foient reçus dans l'Hôtel-Dieu, mais qui ont cependant befoin du fecours de quelques remedes, qui leur font fournis par l'Hôpital fuivant l'ordonnance du Médecin.

ILS doivent vifiter deux fois chaque jour les Malades dont le foin leur eft confié. La vifite du matin commence à fept heures & demie depuis Pâques jufques à la Touffaint, & à huit heures, depuis la Touffaint jufqu'à Pâques : celle de l'après-midi doit fe faire à cinq heures. Deux Recteurs en Manteau & Rabat affiftent exactement chaque jour avec les Médecins qui doivent être auffi en Robes, aux deux vifites qui fe font le matin, tant aux Fiévreux &

aux Bleſſés, qu'aux autres Malades. Chaque Médecin eſt accompagné pendant la viſite, d'un Chirurgien & d'une Sœur de la Phamarcie qui ſont chargés du ſoin d'écrire tous les Remedes que le Médecin juge à propos d'ordonner. L'Econome doit s'y trouver toutes les fois que ſes occupations peuvent le lui permettre. Le Chirurgien principal & les Garçons Chirurgiens doivent auſſi accompagner le Médecin des Bleſſés pendant le cours de ſa viſite.

Lorsque les Médecins reconnoiſſent que les Malades ſont entiérement rétablis, & qu'ils ſont en état de quitter l'Hôpital, ils doivent faire inſcrire leurs noms ſur le Livre déſtiné à cet uſage, le Recteur qui aſſiſte à la viſite doit le ſigner ; après quoi ce Livre eſt remis à la Sœur qui a la direction de l'Infirmerie, dans laquelle les Malades avoient été placés, afin qu'elle ait ſoin de leur faire rendre les habits qu'ils avoient lors de leur entrée dans l'Hôpital, & de les renvoyer.

Ils doivent veiller avec ſoin que l'on ne reçoive dans l'Hôpital aucuns Malades atteints de maladies incurables, ou contagieuſes ; & dans ce dernier cas, ils doivent en informer le Bureau, pour qu'il ſoit en état d'y pourvoir.

Ils ne doivent faire entrer aucuns Malades dans l'Hôpital qu'avec une permiſſion par écrit de l'un des Recteurs, & ils ne doivent de même ordonner aucuns remedes à prendre dans l'Hôpital pour ceux qui n'y ſont pas reçus, qu'en vertu d'une ſemblable permiſſion.

ILs doivent veiller avec attention à ce que les Sœurs de la Pharmacie exécutent leurs Ordonnances avec exactitude, tant pour la composition des remedes, que pour la distribution, la quantité, le temps & l'heure prescrite; ils doivent de même examiner si les Chirurgiens s'acquittent exactement de leur devoir; ils doivent aussi veiller que les principales compositions de la Pharmacie soient faites suivant les regles de l'Art, & qu'elles soient conservées avec tout le soin convenable; & s'ils s'apperçoivent de quelque négligence, ils doivent sur le champ en informer le Bureau, ou le Recteur chargé du soin de la Pharmacie.

LE plus ancien des deux Médecins, ou en son abscence son Collegue, doit assister à l'Examen qui se fait au Bureau des Garçons Chirurgiens qui se présentent pour entrer au service des Pauvres : le Bureau après avoir pris son avis se détermine à la pluralité des suffrages sur le choix des Aspirants.

LORSQU'IL se trouve des Malades dont l'état dangereux ou critique peut faire juger convenable aux Médecins de la Maison d'avoir l'avis d'autres Médecins ou de Chirurgiens, ils doivent en informer le Recteur chargé de la Pharmacie, qui prend soin de faire inviter des Médecins ou Chirurgiens étrangers en nombre convenable pour se trouver à l'Hôtel-Dieu au jour & heure qui seront indiqués. Il est d'usage que l'un des Recteurs soit présent à ces Consultations extraordinaires : les Médecins de la Maison doivent y assister en robe.

L'Expe'rience ayant fait reconnoître de quelle importance il étoit pour les Malades que les Médecins faſſent chaque jour une ſeconde viſite dans l'Hôpital pendant le cours de l'après-midi, & ce motif ayant déterminé le Bureau à augmenter les honoraires de l'un & de l'autre, depuis pluſieurs années, l'on doit veiller avec attention que cette ſeconde viſite ſoit toujours exactement faite, & que les Médecins ne s'en diſpenſent ſous aucun prétexte.

CHAPITRE XX.

Des Fonctions du Secretaire du Bureau.

LE Secretaire du Bureau doit s'y trouver tous les jours auxquels il s'affemble pour écrire toutes les délibérations & réfolutions du Bureau fur le Regiftre deftiné à cet effet. Il doit à la fin de chaque année remettre ce Regiftre aux Archives, & en commencer un nouveau.

Il doit tranfcrire & cacheter du cachet de l'Hôtel-Dieu toutes les Lettres Miffives que le Bureau juge convenable d'écrire pour les affaires de la Maifon, & il doit en faire lecture aux Recteurs avant qu'il les fignent ; il doit dreffer & fceller du fceau de l'Hôpital tous les Certificats & Atteftations que le Bureau juge à propos d'accorder, foit aux Prêtres ou aux Chirurgiens qui ont fervi les Pauvres, foit pour quelqu'autre caufe que ce foit ; il doit délivrer & figner tous les Extraits-Baptiftaires & Mortuaires qui font demandés, lorfque le Bureau a ordonné de les délivrer.

LE Secretaire doit dreffer & figner tous les Mandats néceffaires pour les paiements qui ont été ordonnés par le Bureau ; il doit les délivrer fans qu'il lui foit permis fous aucun prétexte de rien exiger ni recevoir de ceux au profit defquels ils auront été expédiés.

IL doit tenir fecretes toutes les réfolutions & délibé-rations du Bureau ; il ne doit en délivrer à qui que ce foit des Expéditions ou des Extraits, que fur un ordre exprès de fa part; il ne doit rien négliger pour acquérir, autant qu'il lui eft poffible, une parfaite connoiffance des affaires & des ufages de la Maifon, afin d'être en état d'en rendre compte au Bureau, de même que des Délibérations qui pourroient avoir été précédemment faites fur les mêmes objets qui fe préfentent de nouveau, afin que par le changement qui arrive dans les Adminiftrateurs, les Pauvres ne puiffent point être expofés à fouffrir quelques pertes ou quelque diminution de leurs droits.

LE Secretaire doit accompagner le Bureau dans toutes les occafions où il marche en corps, & fpécialement dans les vifites que le Bureau fait chaque année aux nouveaux Recteurs, qui ont été choifis pour fuccéder à ceux dont le temps du fervice eft prêt à expirer.

CHAPITRE

CHAPITRE XXI.

Des Fonctions des Agents ou Solliciteurs.

COMME cette Fonction exige toute la fidélité, la diligence & l'exactitude possible de la part des Sujets que le Bureau choisit pour la remplir, ce choix ne sçauroit être fait avec trop d'attention & de discernement; & afin que les Agents soient en état de donner tout leur temps & leurs soins aux affaires des Pauvres, ils ne doivent se charger d'aucune autre, sans une permission expresse du Bureau.

COMME la poursuite des affaires litigieuses forme l'un des principaux soins qui leur sont confiés, ils doivent y veiller avec toute l'attention possible; ils doivent prendre garde qu'il n'y ait aucune négligence dans la poursuite des Procès qui intéressent les Pauvres, ou qu'il n'y arrive aucune surprise; & à cet effet ils doivent voir très-souvent le Procureur de l'Hôtel-Dieu, se faire rendre compte de l'état des affaires; & lorsqu'elles seront prêtes à être décidées, ils doivent en informer le Bureau, afin qu'il puisse faire les démarches convenables auprès des Juges, pour en obtenir audience le plus promptement qu'il sera possible, & pour leur recommander le droit des Pauvres.

N

LES Agents ne peuvent former aucune demande, présenter aucune Requête, passer aucun appointement ou expédient, dresser des écritures dans les affaires qui concernent les Pauvres, sans en avoir communiqué avec le Recteur Avocat ; à l'effet de quoi ils sont obligés de se rendre chez lui tous les Lundi, Mardi & Mercredi de chaque semaine, & même plus souvent si le cas le requiert pour recevoir ses ordres sur ce qu'il juge convenable de faire pour la poursuite des affaires des Pauvres. Ils tiendront une Note de tout ce qui leur aura été prescrit par le Recteur Avocat pour s'y conformer avec exactitude.

ILS doivent tenir un Registre de tous les Procès & autres affaires de la Maison, qu'ils représenteront chaque jour de Bureau, & au moins une fois par semaine, & ils rendront compte en même - temps de ce qu'ils auront fait pour la poursuite des affaires dans lesquelles les Pauvres sont intéressés.

DANS le cas où il sera fait des Saisies entre les mains du Bureau, au préjudice de quelque particulier, les Agents pour prévenir toutes surprises, seront tenus le même jour de la signification des Exploits de saisie, de les porter au Teneur de Livres de l'Hôpital, & de lui en faire faire en leur présence une note en marge des comptes de ceux au préjudice desquels les Saisies entre mains auront été faites, à peine de répondre en leurs noms des payements qui pourroient être faits au préjudice des Saisies, à défaut par eux d'en avoir fait faire note par le Teneur de Livres ;

après quoi ils remettront les Exploits de Saisies entre les mains du Procureur de l'Hôtel-Dieu , & ils lui donneront en même-temps les instructions nécessaires pour fournir en Justice la déclaration de ce qui pourroit être dû par l'Hôpital.

Les Agents sont chargés du soin de poursuivre les débiteurs des Pauvres , soit pour Loyers , arrérages de Rentes ou Pensions , ou pour quelqu'autre cause que ce soit, à l'effet de les obliger à payer exactement aux échéances , entre les mains du Recteur Trésorier , les sommes dont ils sont débiteurs, sans qu'ils puissent les recevoir eux-mêmes, n'y en passer quittance sous aucun prétexte, & sans qu'ils leur soit libre de se servir du ministere d'aucun autre Huissier ou Sergent, que de celui qui aura été choisi par le Bureau.

Les Agents se trouveront exactement au Bureau chaque jour qu'il s'assemblera ; ils se tiendront dans la chambre voisine jusqu'à la fin du Bureau pour être en état de rendre compte de tout ce qui pourroit être relatif aux fonctions dont ils sont chargés , & d'exécuter les ordres qui pourroient leur être donnés ; ils ne doivent point s'absenter de la ville , pour quelque cause que ce soit, sans une permission expresse de la part du Bureau.

Ils doivent voir, au moins une fois chaque semaine, le Greffier de l'Audience de la Sénéchauffée de Lyon , & celui de la Jurisdiction de la Conservation, pour s'informer auprès d'eux des Décrets qui se poursuivent , auxquels ils prendront foin de faire intervenir le Procureur des Pauvres s'ils y font intéreffés, foit pour Dettes, Penfions, Legs, Subftitutions, droits de Servitude, ou autrement. Ils s'informeront auffi s'il a été lu à l'Audience, ou enrégiftré quelque Teftament contenant des Legs ou Subftitutions au profit des Pauvres, s'il a été rendu quelques Jugemens qui puiffent les concerner ou les intéreffer ; ils verront de même, au moins une fois chaque mois, le Greffier Criminel, & celui de la Jurifdiction de la Police pour fçavoir d'eux s'il a été prononcé quelque condamnation d'amende, ou quelque confifcation applicable aux Pauvres, & dans ce cas ils feront les diligences néceffaires pour en procurer le recouvrement. Les Greffiers font en ufage de faire grace des droits qui leur font dus en faveur des Pauvres.

Les Agents font encore chargés du foin d'enrégiftrer fur le Regiftre que l'on tient aux Archives à cet effet, tous les Contrats perpétuels ou autres Actes importants qui peuvent concerner les Pauvres. L'objet de cette précaution eft d'affurer la confervation de ces Actes en cas de perte des Minutes, & de procurer en même-temps plus de facilité pour y avoir recours, lorfque les circonftances le requerent.

Ils doivent préfenter, tous les fix mois, au Bureau, un Etat ou Compte des débourfés & avances qu'ils peuvent avoir faits pour la pourfuite des affaires de la Maifon : ce Compte doit être arrêté & figné par le Recteur Avocat ; & il doit être délivré un Mandat fur le Tréforier, de la fomme à laquelle l'Etat aura été arrêté.

COMME le foin & la pourfuite des affaires ordinaires de l'Hôtel-Dieu n'exigent pas le miniftere de deux Agents, il eft d'ufage de n'en avoir qu'un, à moins que des circonftances particulieres d'affaires extraordinaires n'obligent à en employer un fecond ; dans ce cas fa fonction ne doit durer qu'autant de temps que la néceffité des affaires peut le demander.

CHAPITRE XXII.

Des Fonctions du Chirurgien principal, & des Garçons Chirurgiens.

LA nomination du Chirurgien principal appartient au Bureau. Il doit servir dans l'Hôpital pendant six années entieres & consécutives ; il acquiert au moyen de ce service, la Maîtrise dans l'Art de la Chirurgie, en vertu des Lettres-Patentes qui ont été accordées à cet Hôpital.

EN entrant en fonction, il doit être chargé par un Inventaire de tous les Instruments nécessaires à l'exercice de la Chirurgie, pour les rendre, lorsque le temps de son service sera expiré.

LORSQU'IL est averti par le son de la cloche, de l'arrivée d'un malade, il doit se rendre sur le champ à la porte de l'Hôtel-Dieu pour voir & examiner le malade, soit qu'il ait un Billet de l'un des Recteurs, soit qu'il n'en ait aucun. Si la maladie lui paroît exiger que le malade soit reçu dans l'Hôpital, il doit en informer l'Econome qui pourvoit sur le champ à sa réception. Si le Chirurgien principal s'étoit trouvé absent lorsque le malade a été reçu, le Portier doit l'en informer à son arrivée, & il doit le visiter sur le champ, pour reconnoître si le malade étoit effectivement dans le cas d'être reçu. Supposé que le malade lui paroiſſe atteint de maladie contagieuſe ou ſuſceptible de ſe communiquer, il le fera placer dans un endroit particulier & ſéparé des autres malades juſqu'à ce que la qualité de ſa maladie ſoit parfaitement connue ; & s'il vient à reconnoître que la maladie ſoit effectivement contagieuſe, il doit en informer l'Econome, pour qu'il prenne les meſures convenables pour faire tranſporter le malade dans les appartements deſtinés à recevoir ceux qui ſont atteints de maladies de ce genre.

Le Chirurgien principal doit panſer lui-même, ou voir panſer en ſa préſence tous les Malades qui ſont dans le cas de devoir l'être ; il doit mettre lui-même le premier Appareil & le lever ; il doit réguliérement aſſiſter à la viſite du Médecin des Bleſſés, & exécuter ſes ordonnances ſi elles concernent l'Art de la Chirurgie.

Lorsqu'il ſera queſtion de faire de grandes opérations, il ne doit les faire que de l'avis du Médecin, & il doit en informer auparavant le Recteur chargé du ſoin de la Chirurgie, afin qu'il puiſſe faire inviter quelques Maîtres Chirurgiens de la ville à y aſſiſter.

Il ne doit point ſouffrir qu'aucun Maître ou Compagnon Chirurgien faſſe aucune opération ni panſement dans l'Hôtel-Dieu, ſans une permiſſion expreſſe du Bureau ; il ne doit donner, ſoit aux Maîtres Chirurgiens ou à d'autres, aucun Cadavre ni aucune partie, pour en faire la diſſection, ſans une ſemblable permiſſion de la part du Bureau. Il ne doit point lui-même ſans une pareille permiſſion travailler à la diſſection d'aucun Corps ni d'aucune partie d'un Corps.

Le Chirurgien principal ne doit panſer ni traiter aucuns malades hors de l'Hôpital, ſans un ordre exprès du Bureau, qui ne doit être donné que par des conſidérations extraordinaires ; les Recteurs devant eux-mêmes éviter avec ſoin de l'employer pour eux ou pour leurs familles, afin qu'il ne puiſſe point être diſtrait du ſervice des Pauvres, auxquels il doit tout ſon temps & toute ſon attention.

Il ne doit recevoir & bien moins encore exiger aucune ſorte de récompenſe de la part des Malades qu'il traite dans l'Hôpital, de quelque genre qu'elle puiſſe être, & ſous quelque prétexte que ce ſoit.

Il ne peut être parrain d'aucun Enfant expoſé, ou qui ſoit né dans la Maiſon, ſans une permiſſion expreſſe du Bureau.

Outre le Chirurgien principal, l'on emploie au ſervice des Pauvres pluſieurs Garçons Chirurgiens : ils ſont ordinairement au nombre de huit. Le Bureau ayant reconnu de quelle importance il étoit pour le Public de former dans cette Maiſon un grand nombre de Chirurgiens, ce motif l'a déterminé à fixer à trois années, le temps pendant lequel les Garçons Chirurgiens doivent reſter dans l'Hôtel-Dieu, ce temps ayant été jugé ſuffiſant pour leur procurer les connoiſſances néceſſaires dans leur Art. On leur fournit depuis la Touſſaint juſqu'à la Pentecôte, un Juſte-au-corps de Drap gris avec un Tablier & des Manches de toile noire ; & depuis la Pentecôte juſqu'à la Touſſaint, on leur en fournit un de Toile

noire,

noire, de même avec un Tablier & des Manches : en le recevant ils doivent rendre celui de Drap.

LES Garçons Chirurgiens qui aspirent à entrer au service des Pauvres dans l'Hôpital, doivent se faire inscrire sur le Regiftre qui eft tenu à cet effet par le Recteur chargé du foin de la Chirurgie, qui ne les infcrit qu'après qu'ils ont fubi un Examen de la part de l'un des Médecins de l'Hôpital. Lorfqu'il vient à vaquer une place de Garçon Chirurgien, elle eft donnée au concours ; le Recteur de la Chirurgie fait avertir les Garçons Chirurgiens de la Ville, du jour déterminé par le Bureau pour ce concours ; l'on choifit dans le nombre de ceux qui fe préfentent pour y être admis, les quatre plus anciens, fuivant l'ordre de leur infcription ; ils font interrogés en préfence du Bureau, par l'un des Médecins, fur les principaux objets de la Chirurgie ; le Médecin donne fon avis fur la capacité des Afpirants, & le choix en eft fait par le Bureau à la pluralité des fuffrages : l'ordre eft cependant que dans l'égalité de talents & de connoiffances, les plus anciens foient préférés à ceux qui n'ont été infcrits que poftérieurement.

PENDANT le temps qu'ils font dans l'Hôpital, le Chirurgien principal doit leur faire, au moins trois fois chaque femaine, des leçons de Chirurgie ; ils doivent travailler fous fes ordres & fe conformer exactement à tout ce qu'il leur prefcrit pour le fervice des Malades.

ILS ne peuvent fortir de la Maifon que deux fois chaque femaine, l'après-midi, après en avoir obtenu la permiſſion de la part de l'Econome, qui ne doit la leur donner que pour deux à trois heures au plus. Il doit toujours en reſter une partie dans la Maiſon pour le ſervice des malades, pendant le temps que l'on accorde aux autres la permiſſion de ſortir.

Ils doivent tous aſſiſter exactement chaque jour à la Priere du Matin, & à celle du Soir, de même qu'à la Meſſe de Communauté qui ſe dit dans les Infirmeries; ils doivent ſe confeſſer & communier le troiſieme Dimanche de chaque mois, avec toutes les autres perſonnes de la Maiſon.

Ils ne doivent recevoir aucuns préſents de la part des Malades, de quelque nature, & ſous quelque pretexte que ce ſoit; il leur eſt très-expreſſément défendu de voir ni de traiter aucuns malades hors de la maiſon. Ils ne doivent admettre aucun étranger dans leur appartement particulier; ils ne peuvent les recevoir que dans les Cloîtres, ou les Infirmeries.

Outre ces Réglements généraux, il y en a de particuliers, qui contiennent avec plus de détail les différentes Fonctions du Chirurgien principal & des Garçons Chirurgiens: ils doivent les obſerver avec la même exactitude.

CHAPITRE XXIII.

Des Fonctions des Sœurs chargées du soin de la Pharmacie.

SUIVANT les Lettres-Patentes accordées à cet Hôpital, l'Apothicaire qui fervoit les Pauvres pendant l'efpace de fix années, obtenoit la maîtrife de cet Art pour prix de ce fervice ; mais l'expérience ayant fait connoître qu'il étoit plus avantageux pour les Pauvres, que la Pharmacie fût adminiftrée par des Sœurs de la Maifon, qui auroient les connoiffances néceffaires pour la préparation des Remedes, cette adminiftration leur a été confiée par une Délibération du Bureau du 29. Mars 1690.

COMME cet Emploi demande beaucoup de difcernement & de prudence de la part des Sœurs qui en font chargées, & fpécialement de la part de celle qui en a la Direction, le choix des Sujets qu'on y emploie ne doit être fait qu'avec beaucoup de connoiffance de caufe ; & le Bureau feul a droit de faire celui de la Sœur chargée de la direction générale de la Pharmacie.

CETTE Sœur doit avoir foin de faire dans le temps convenable toutes les Compofitions néceffaires à la Pharmacie ; lorfqu'elle fera les grandes Compofitions, elle doit y appeller les Médecins de la Maison, pour prendre leur avis sur la qualité des Drogues qu'elle y fait entrer , & sur la maniere d'en faire le mêlange & la préparation.

Elle est de même chargée du soin de faire tous les achats des Drogues, dont elle doit avoir une connoissance parfaite, pour être en état de choisir toujours les meilleures; elle ne doit sortir de la Maison pour faire ces achats, qu'accompagnée d'une autre Sœur, & après en avoir demandé permission à l'Econome.

Elle doit être chargée par un Inventaire, de tous les meubles & ustensiles qui servent à l'exercice de la Pharmacie ; elle doit tenir un compte de tout ce qu'elle achette, pour le présenter tous les mois au Recteur chargé d'avoir inspection sur cette partie ; elle ne doit point faire d'achats considérables de Drogues sans sa participation, afin qu'il puisse concourir avec elle à les faire de la maniere la plus avantageuse pour le bien des Pauvres.

La Sœur chargée de la Direction de la Pharmacie doit en avoir plusieurs autres qui travaillent sous sa conduite & sous ses ordres; elles doivent sçavoir bien lire & écrire : elle leur distribuera à toutes leurs différents emplois dans lesquels elle les fera succéder alternativement les unes aux autres, afin qu'elles puissent toutes acquérir une connoissance générale des différentes parties que la Pharmacie renferme.

Deux des Sœurs de la Pharmacie doivent toujours accompagner les Médecins dans les visites qu'ils font chaque jour aux malades; elles doivent écrire leurs Ordonnances fur le Livre déftiné à cet ufage, & les executer ponctuellement ; elles doivent faire prendre elles-mêmes les remedes aux malades , à l'heure prefcrite, fans qu'elles puiffent s'en rapporter à d'autres fur ce foin ; elles doivent s'informer des malades de l'effet des remedes, pour être en état d'en rendre compte aux Médecins, à la vifite fuivante.

ELLES doivent de même préparer les remedes qui ont été ordonnés à la vifite, pour les perfonnes de dehors la Maifon, & les diftribuer depuis deux heures après midi , jufques à quatre heures; en prefcrivant en même-temps aux malades, ou à ceux qui viendront de leur part, de quelle maniere ils doivent les prendre, & quel régime il convient d'obferver.

IL leur eft abfolument interdit de donner aucuns remedes, à moins qu'ils n'aient été ordonnés par les Médecins, ou dans le cas d'une néceffité preffante par le Chirurgien principal , ou fans une permiffion de la part de l'Econome.

CHAPITRE XXIV.

De la maniere de recevoir les Malades dans l'Hôtel-Dieu.

LES MALADES qui veulent être reçus dans l'Hôpital, doivent s'adresser, ou quelqu'un de leur part, à l'un des Recteurs, lequel jugeant que le malade est dans le cas d'être reçu, donne un Billet adressé à l'Econome, qui doit être conçu à peu-près en ces termes :

M. l'Econome, recevez N. pauvre malade, en spécifiant son nom & surnom, la ville ou la paroisse dont il est originaire, la rue & la maison où il demeure, son âge & sa profession. Si c'est une Femme, l'on doit joindre à son nom celui de son mari. Le Billet doit être daté & signé par le Recteur.

CE Billet étant présenté au Portier, lorsque le malade est conduit à l'Hôtel-Dieu, il doit avertir au son de la cloche destinée à cet usage, le Chirurgien qui doit sur le champ examiner si le malade est atteint de la Fievre, s'il est blessé, ou s'il a quelqu'autre incommodité qui soit susceptible de guérison; s'il juge qu'il soit dans le cas d'être reçu, le Portier doit l'inscrire sur le Registre de l'entrée des malades, & y désigner son nom, son âge, sa profession, le lieu de son origine, & celui de sa résidence ordinaire, s'il en a une, & à l'instant il doit être conduit dans l'une des salles destinées à recevoir les malades, selon le genre & la qualité de la maladie dont il est atteint.

Si pendant le temps de la visite des Médecins, il se présente des malades, ils sont reçus ou renvoyés suivant l'avis des Médecins, par le Recteur qui assiste à la visite, & qui signe le Billet de réception des malades, s'ils sont dans le cas d'être reçus.

Les malades qui présentent des Billets des Recteurs, avec cette clause, *étant de la qualité requise*, ne doivent point être reçus, s'ils sont atteints de quelque maladie contagieuse, ou qui soit incurable de sa nature; à moins que dans ce dernier cas ils ne fussent en même-temps atteints de la Fievre, laquelle étant susceptible de guérison, on doit les recevoir pour leur faire les remedes convenables à leur état.

Dans le cas d'une maladie grave & pressante, les malades qui se présentent, doivent être reçus sans aucun Billet de l'un des Recteurs, & hors le temps de la visite des Médecins : le Chirurgien de la Maison qui est appellé pour les examiner, signe le Billet de leur réception.

Le temps ordinaire pour recevoir les malades, est depuis sept heures du matin jusqu'à onze heures, & depuis deux heures après midi jusqu'à cinq heures ; ce qui n'empêche point que l'on ne doive les recevoir dans toutes les autres heures du jour, & même de la nuit, dans le cas d'une nécessité pressante. Les Femmes grosses dont l'indigence est reconnue, & qui se présentent aux approches du temps de leur accouchement, doivent de même être reçues à toutes les heures du jour & de la nuit, pour faire leurs couches dans l'Hôpital.

LES Enfants expofés dans la ville doivent de même être reçus à toutes les heures du jour & de la nuit, fur le Billet de l'un des Recteurs, conçu en ces termes:

Monfieur l'Econome, recevez cet Enfant, âgé d'environ. . . . trouvé expofé dans tel endroit, à telle heure, ayant tel lange, tel billet, ou telle autre marque, apporté par telle perfonne. Fait à Lyon, ce...

LES malades qui font envoyés de la maifon de la Charité, doivent être reçus fur un Billet d'invitation des Sieurs Recteurs de cette maifon, adreffé aux Recteurs de l'Hôpital. Les Filles nées d'un mariage légitime, qui ont été élevées dans la maifon de la Charité, fans avoir fervi ailleurs, ne font point fujettes à la vifite des Sœurs qui font employées à cette fonction dans l'Hôpital.

LES Pauvres honteux de la ville qui peuvent être fervis chez eux, mais à qui leur indigence ne permet pas de fe procurer les remedes qui leur feroient néceffaires, peuvent fe préfenter, chaque jour, à la vifite du Médecin, qui leur ordonne les remedes convenables, fuivant la qualité de leurs maladies; les remedes ordonnés font en même-temps écrits fur un Livre, avec les noms des malades, par l'une des Sœurs de la Pharmacie : ce Livre doit être figné à la fin de la vifite par le Recteur qui y affifte.

Les remedes que le Médecin a ordonnés, font diftribués le même jour, par les Sœurs de la Pharmacie, depuis deux heures après-midi jufques à quatre heures.

CHAPITRE

CHAPITRE XXV.

De la Nourriture & du Traitement des Malades.

LORSQUE les malades ont été reçus dans l'Hôpital, ils sont placés dans les appartements qui conviennent à la qualité de leur maladie & à leur sexe ; on doit sur le champ leur préparer un Lit avec des Draps blancs; on leur donne en même-temps une chemise, un bonnet, une robe de chambre, & des pantoufles. La Sœur qui est chargée de ce soin, doit aussi-tôt après que le malade est couché, placer un Carton au pied de son lit, qui sert à avertir le Prêtre Infirmier de le disposer à recevoir les Sacrements : ce même Carton sert aussi à avertir le Médecin de visiter ce nouveau malade, & de lui ordonner les remedes convenables. Si le malade est étranger, & qu'il ne parle pas la Langue Françoise, l'on doit s'informer avec soin dans les Communautés de la ville s'il y a quelque Confesseur qui entende la Langue du malade, & qui puisse recevoir sa Confession.

LE malade étant couché, la Sœur qui remplit la fonction de maîtresse de l'Infirmerie, prend ses habits, de même que son linge, dont elle fait un paquet; elle doit écrire sur un billet qui eſt joint à ce paquet, le nom du malade, le numero du Lit qu'il occupe, & la Salle ou l'Infirmerie dans laquelle il a été placé ; elle fait porter ce paquet dans la chambre deſtinée à y renfermer les habits des malades, qui leur ſont rendus après leur guériſon, ou qui reſtent à l'Hôtel-Dieu en cas qu'ils viennent à y décéder. Si le malade a quelque argent, il doit être remis au Prêtre Infirmier qui le note ſur un Livre deſtiné à cet uſage, qui eſt toujours dans la Sacriſtie des Infirmeries : cet Argent eſt rendu au malade s'il vient à guérir, ou qu'il juge à propos d'en faire uſage pendant le cours de ſa maladie ; & s'il vient à décéder, il appartient à l'Hôpital, à moins que le malade n'en ait valablement diſpoſé d'une autre maniere, ce qu'il ne peut faire qu'en déclarant expreſſément ſon intention à l'un des Recteurs, ou en leur abſence à l'Econome.

Le malade ayant été confeſſé, on lui donne le Viatique le lendemain de ſon arrivée, ce qui doit ſe faire après la Meſſe qui ſe dit chaque jour dans les Infirmeries ; les Chirurgiens accompagnent le Saint-Sacrement, & quatre d'entr'eux portent des Flambeaux allumés ; les domeſtiques de la maiſon doivent de même y aſſiſter, l'un deſquels précede le Saint-Sacrement avec une petite cloche à la main, pour avertir tous les malades de ſe tenir dans un état de décence convenable : une des Sœurs novices porte un réchaud rempli de feu, dans lequel elle fait brûler de l'encens. Si quelqu'un des malades auxquels l'on admi-niſtre le Viatique, ſe trouve en danger de mort, l'on doit le même jour lui donner l'Extrême-Onction après l'y avoir disposé.

La Sœur maîtresse de chaque Infirmerie, ou en son absence la plus ancienne, doit toujours accompagner les Médecins dans les visites qu'ils font chaque jour aux malades, afin qu'elle puisse leur rendre compte de l'état des malades, & faire observer à ceux-ci le régime qui aura été prescrit par les Médecins ; l'une des Sœurs de la Pharmacie, & un des Garçons Chirurgiens doivent de même assister à ces visites, pour écrire sur un Livre les ordonnances des Médecins, qui doivent être ponctuellement exécutées.

A six heures du matin, l'on doit donner le Bouillon à tous les malades ; à dix heures, l'on fait dîner ceux auxquels l'usage des aliments solides n'a pas été interdit par les Médecins, & on les fait souper à cinq heures ; quant à ceux qui sont réduits à l'usage du Bouillon, on doit leur en donner plusieurs fois pendant le jour & la nuit ; on leur donne du consommé deux fois par jour, la premiere à deux heures après midi, & la seconde fois à neuf heures du soir ; l'on donne encore du Bouillon à huit heures du soir à ceux qui ont été purgés le même jour. Les Sœurs novices qui sont employées au service des malades dans chaque appartement, doivent aller prendre à la Cuisine tout ce qui est nécessaire, aux heures indiquées, dont elles sont averties par le son de la cloche destinée à cet effet.

Il doit y avoir une veilleuse dans chaque Infirmerie

ou Salle des malades, qui doit les vifiter plufieurs fois pendant le cours de la nuit, & leur rendre tous les fervices dont ils ont befoin ; elle doit avant que de fe retirer le matin, rendre compte à la Sœur maîtreffe de l'Infirmerie, de l'état des malades, & des accidents qui peuvent leur être arrivés pendant le cours de la nuit, afin que celle-ci foit elle-même en état d'en rendre compte aux Médecins lors de la vifite.

LES Sœurs chargées du foin de diftribuer les aliments aux malades, doivent le faire avec toute l'attention & la prudence néceffaire, eu égard à l'âge des malades, au genre de maladie dont ils font atteints, & aux autres difpofitions particulieres.

ELLES ne doivent point fe laiffer entraîner aux follicitations que pourroient leur faire les malades de leur donner une plus grande quantité de nourriture, que celle que leur état demande ; les aliments qu'on leur donne, & qui confiftent en pain, vin & viande, doivent toujours être de la meilleure qualité : on ne doit jamais leur donner du vin pur, que de l'ordre exprès des Médecins.

ON ne doit permettre à perfonne, fous quelque pré-texte que ce foit, d'apporter de dehors aux malades aucunes viandes, fruits, vins, ou autres chofes : comme la Maifon fournit aux malades tout ce qui eft néceffaire pour leurs aliments, fuivant l'ordonnance des Médecins, tout ce qui leur feroit apporté de dehors ne pourroit que nuire au rétabliffement de leur fanté.

LES Lits des malades atteints de la petite vérole, ou de quelque autre maladie qui puisse facilement se communiquer, doivent être entourés de rideaux, & exactement fermés.

Tous les jours, le matin & le soir, une Sœur de chaque infirmerie doit prendre soin de porter de l'eau bénite à tous les malades, & les exhorter en même-temps à prier pour les Bienfaiteurs de la Maison.

CHAPITRE XXVI.

De l'Appartement où l'on traite les Maux vénériens.

CET Appartement est uniquement destiné pour les malades atteints de maux vénériens ; l'on y traite par préférence à tous les autres malades, les Nourrices & leurs maris, auxquels des Enfants de l'Hôpital peuvent avoir communiqué cette fâcheuse maladie ; l'on y reçoit aussi les malades de la ville & ceux du gouvernement ; & comme le traitement de cette maladie coûte une dépense considérable à la maison, il est d'usage d'exiger quelque chose de ceux que l'on reçoit, proportionnellement à leurs facultés.

UNE Sœur est spécialement chargée de la direction de cet appartement, & du soin des malades qui y sont reçus ; on lui donne le nombre d'autres Sœurs nécessaires pour l'aider dans cette pénible fonction : elle doit être chargée par un Inventaire, de tous les meubles, ustensiles & effets qui sont destinés pour l'usage des malades que l'on traite dans cet appartement.

LES malades qui veulent y être reçus, doivent s'adresser à celui des Recteurs qui a la direction de la Chirurgie ; il les fait examiner par le Chirurgien principal, & s'il est reconnu qu'ils foient dans le cas d'être traités, le Recteur doit leur remettre un Billet par lui figné, fans lequel aucun malade ne doit être reçu dans cet appartement ; le malade lors de fon entrée doit remettre ce Billet à la Sœur qui en a la direction ; elle doit prendre foin de faire noter avec exactitude fur le Livre de la réception des malades , les noms de ceux qui font reçus dans cet appartement , le lieu de leur domicile, le jour de leur entrée, & celui de leur fortie, ou celui de leur décès, s'ils viennent à mourir dans l'Hôpital ; elle doit repréfenter au Recteur qui a l'infpection fur cette partie, tous les Billets de réception qui lui ont été remis par les malades.

AUCUN malade ne peut entrer dans les remedes, qu'il n'ait été confeffé auparavant. Lorfque quelqu'un paroît être en danger de mort, le Prêtre qui eft chargé du foin de cet appartement, doit lui adminiftrer les Sacrements.

L'ENTRE'E de cet appartement doit être abfolument interdite, tant aux Etrangers , qu'aux perfonnes de la Maifon, autres que celles qui font employées au fervice des malades. La Sœur qui en a la direction, doit toujours affifter à la vifite du Médecin , pour lui rendre compte de l'état des malades, & de l'effet des remedes. Les Garçons Chirurgiens peuvent accompagner le Médecin dans la vifite des hommes, mais il ne doit être accompagné dans celle des Femmes que par le Chirurgien principal , & le premier Garçon, qui eft chargé d'écrire les ordonnances du Médecin fur le Livre qui eft deftiné pour cet appartement. Si hors le temps de la vifite quelque néceffité

oblige de faire entrer le Chirurgien principal dans l'appartement des Femmes, la Sœur doit toujours l'accompagner,
& elle ne doit point permettre qu'il ait aucun entretien
particulier avec elles.

La Sœur doit visiter elle-même plusieurs fois pendant
le cours de la journée tous les malades qui lui sont confiés,
soit pour leur donner ou leur procurer les secours dont
ils peuvent avoir besoin, soit pour veiller sur leur
conduite.

Elle doit, autant qu'il est possible, leur faire faire à
tous en commun les Prieres du matin & du soir, de
même que les autres Exercices de piété que leur situation
peut leur permettre ; si elle est obligée d'aller pendant la
nuit dans l'appartement des Hommes, elle doit toujours
être accompagnée par une autre Sœur.

Elle doit faire elle-même la distribution de tous les
Remedes qui ont été ordonnés par le Médecin, sans
qu'elle puisse sous aucun prétexte s'en rapporter à quelqu'autre ; elle doit faire prendre à la Cuisine tout ce qui
est nécessaire pour la nourriture des Malades de cet appartement, aux mêmes heures que l'on en fait la distribution
pour tous les autres Malades.

CHAPITRE

CHAPITRE XXVII.

Des Chambres basses.

LEs Chambres basses sont destinées pour ceux qui ont eu le malheur de perdre l'usage de la raison. L'on ne doit y recevoir que ceux dont on peut espérer la guérison par le secours des Remedes usités en pareil cas ; les Foux dont la démence est incurable, ne peuvent y être reçus , ni y rester à titre de pensionnaires, afin que cet appartement reste toujours libre pour ceux dont on peut procurer le rétablissement.

LES Pauvres de la ville & du gouvernement y sont reçus & traités gratuitement ; à l'égard des personnes qui sont dans une situation plus aisée , l'on exige ce qu'il en coûte à l'Hôpital pour la dépense de la nourriture & des traitements. L'inspection sur cette partie est confiée à celui des Recteurs qui remplit la fonction de Procureur du Bureau.

UNE Sœur est préposée pour avoir la direction de cet appartement, & pour prendre soin de ceux qui y sont renfermés ; lors de leur réception dans l'Hôpital , elle doit faire écrire leurs noms , le lieu de leur domicile , & le jour de leur entrée, sur le Registre destiné à cet usage ; elle doit également avoir soin de faire noter le jour de leur sortie, ou celui de leur décès ; elle doit garder leurs habits ,

Q

au lieu defquels elle leur doit donner une robe de chambre, & un bonnet, & leur fournir tout le linge dont ils ont befoin.

ELLE doit pourvoir à tout ce qui eft néceffaire pour leur nourriture, qu'on leur donne aux mêmes heures qu'aux autres malades de la Maifon ; elle doit les tenir exactement renfermés dans leurs chambres, fans leur laiffer ni couteau, ni cordes, ni aucunes chofes dont ils puiffent fe fervir pour attenter fur eux-mêmes, & fans permettre qu'ils en fortent, que de l'avis du Médecin ; elle ne doit point fouffrir que perfonne les vifite, fans un ordre exprès de l'un des Recteurs, ou de l'Econome.

ELLE doit réguliérement chaque jour les vifiter tous auffitôt après la Meffe de la Communauté, & leur faire prendre les Remedes qui leur ont été ordonnés; elle doit affifter à la vifite du Médecin, pour lui rendre compte de leur état & de l'effet des remedes; lorfque le Médecin aura jugé à propos d'ordonner les Bains à quelques-uns, elle doit faire avertir les Domeftiques deftinés à cet emploi, afin qu'ils fe tiennent prêts à les faire prendre aux heures accoutumées. L'un des Garçons Chirurgiens de l'Hôpital doit toujours être préfent pendant le temps des Bains, pour être à portée de donner fur le champ tous les fecours qui pourroient être néceffaires: la Sœur doit avoir foin de préparer les Lits des malades, & de les faire coucher dès qu'ils font fortis des Bains.

LORSQUE quelqu'un viendra à recouvrer l'ufage de la raifon, la Sœur ne doit rien négliger pour l'engager avant qu'il forte de la Maifon, à approcher des Sacrements ; s'il arrive que quelqu'un qui foit encore dans l'état de démence ou de fureur, vienne à tomber malade, & paroiffe être en danger de mort, elle doit en avertir celui des Prêtres de la Maifon qui eft chargé du fervice de cet appartement, afin qu'il lui adminiftre l'Extrême-Onction, & qu'il foit en même-temps attentif à profiter des inftants pendant lefquels la connoiffance & l'ufage de la raifon pourroient revenir au malade.

Lᴀ Sœur ne doit renvoyer aucun de ceux qui ont été reçus dans cet appartement, que de l'ordre exprès du Bureau, ou de celui du Recteur qui eft fpécialement chargé de cette partie.

CHAPITRE XXVIII.

Du soin des Convalescents.

LORSQUE les Malades commencent à recouvrer la santé, on doit les faire passer, de l'avis du Médecin, dans les appartements qui sont destinés pour les Convalescents, afin qu'étant séparés des autres malades qui ont encore la fievre, & respirant un air plus pur, ils puissent plus promptement se rétablir & reprendre leurs forces.

LES Hommes & les Femmes occupent des appartements séparés : deux Sœurs sont préposées pour avoir la direction de ces deux appartements ; l'une est chargée du soin des hommes convalescents, & l'autre de celui des femmes convalescentes ; elles doivent chaque jour les rassembler tous au son de la cloche, pour leur faire faire en commun la Priere du Matin, après laquelle ils doivent assister à la Messe que l'on célebre dans leur Chapelle ; après la Messe on leur donne du Bouillon ; à dix heures, on les fait dîner ; à une heure après midi, les Sœurs doivent les rassembler dans la Chapelle pour leur faire réciter le Chapelet, qui doit être suivi d'une lecture spirituelle ; à deux heures, on leur donne encore du Bouillon ; à quatre heures, le Prêtre qui fait la fonction de Vicaire, doit leur faire réciter dans la Chapelle les Litanies de la Sainte Vierge & le *De profundis* pour les Bienfaicteurs de la Maison, ſuivant la Fondation qui en a été faite : l'heure du ſouper eſt à cinq heures ; à ſept heures, les Sœurs doivent leur faire faire la Priere du ſoir dans la Chapelle, après laquelle ils doivent tous aller ſe coucher. La Sœur qui eſt chargée du ſoin des hommes convaleſcents, doit les avertir, que ſi pendant la nuit ils avoient beſoin de quelque ſecours, ils doivent l'appeller par le ſon de la Cloche qui répond de leur appartement dans celui où elle couche.

PENDANT le temps du dîner & du ſouper des perſonnes de la Maiſon, les Convaleſcents doivent être renfermés dans leur appartement pour empêcher qu'ils n'aient aucune communication avec les malades qui ſont dans les Infirmeries : il doit toujours reſter une Sœur dans l'appartement des femmes convaleſcentes pendant le temps qu'elles y ſont renfermées. Les hommes convaleſcents ne doivent porter qu'un Bonnet, au lieu de Chapeau, pour empêcher qu'ils ne puiſſent ſortir de la Maiſon, avant leur parfaite guériſon.

LORSQUE le Médecin juge que les convaleſcents ſont en état d'être renvoyés, ils doit faire écrire leurs noms ſur une feuille de papier qu'il remet à la Sœur : elle ne doit en laiſſer ſortir, ni en renvoyer aucuns, ſans ſon ordre par écrit ; elle doit leur faire rendre à leur ſortie, tout ce qu'ils avoient apportés en entrant dans l'Hôpital.

LA Sœur qui a la direction des femmes convaleſcen-tes, eſt chargée de fournir le Linge qui eſt néceſſaire pour les Chambres baſſes ; elle doit tenir un Compte exact de tout celui qu'elle donne & qu'elle reçoit.

Q iij

Elle eſt encore chargée du ſoin de panſer tous les Teigneux que le Bureau reçoit pour être traités de cette maladie. L'on traite gratuitement dans l'Hôtel-Dieu tous les Enfants des Pauvres, ſoit de la ville, ſoit de la campagne; à l'égard de ceux dont les parents ſont dans une ſituation aiſée, l'on exige ce qu'il en coûte à l'Hôpital pour la dépenſe des remedes; les Enfants que l'on traite de cette maladie ne doivent point être reçus dans la Maiſon ſans des conſidérations particulieres : ils viennent trois fois la ſemaine pour être panſés & pour recevoir les autres remedes néceſſaires à leur guériſon. Ceux qui ſont reçus dans l'Hôpital pour y être traités moyennant une penſion, ſont placés dans un appartement particulier : une Sœur eſt chargée du ſoin de veiller ſur leur conduite, & de pourvoir à tous leurs beſoins.

L'on traite auſſi dans l'Hôpital tous les Enfants teigneux qui y ſont envoyés de la Maiſon de la Charité : les Garçons ſont logés & nourris dans l'Hôtel-Dieu pendant le temps des traitements ; les Filles s'y rendent pour être panſées aux jours & heures qui leur ſont indiqués. La Charité, conformément aux anciens Réglements faits entre les deux Hôpitaux, paye une ſomme de dix livres pour raiſon de chaque Enfant que l'on traite de cette maladie dans l'Hôtel-Dieu.

CHAPITRE XXIX.

Des Incurables.

L'HÔTEL-DIEU n'étant deſtiné par ſa Fondation qu'à y recevoir les Malades dont les infirmités ſont ſuſceptibles de guériſon par le ſecours des Remedes, pluſieurs Citoyens y ont fondé des Places perpétuelles pour des Pauvres atteints de maladies incurables, auxquels l'Hôpital, ſuivant les Actes de Fondation, doit fournir la nourriture, le logement & l'entretien pendant le cours de leur vie, ſur la nomination qui en eſt faite par les Fondateurs, ou par leurs Deſcendants.

CEUX qui ſont nommés pour remplir ces Places, doivent ſe préſenter au Bureau, avec une Expédition en bonne forme, de l'Acte de Nomination faite en leur faveur, & le Certificat de l'un des Médecins de l'Hôtel-Dieu, qui atteſte qu'ils ſont atteints d'une maladie incurable. Le Bureau ne les reçoit qu'après s'être informé de la régularité de leurs mœurs, & ſous la condition de ſe conformer aux Réglements de la Maiſon, autant que leurs Infirmités peuvent le leur permettre. Lors de la réception de chacun de ceux qui ſont nommés pour remplir ces Places, le Bureau doit ſe faire repréſenter les Actes de Fondation, & en faire faire lecture, afin de pourvoir à ce que toutes les conditions qu'ils renferment, soient ponctuellement exécutées.

LES Hommes & les Femmes occupent deux appartements séparés : deux Sœurs sont préposées pour avoir la direction de ces deux appartements ; elles doivent être chargées par un Inventaire exact, de tous les meubles & effets qui y sont, de même que du linge qui est destiné à l'usage des Incurables, qu'elles doivent leur fournir à mesure de besoin ; elles doivent chaque jour leur faire faire en commun les Prieres du Matin & du Soir, & veiller à ce qu'ils assistent réguliérement à la Messe; elles doivent pourvoir à tout ce qui est nécessaire pour leur nourriture. Les Hommes & les Femmes doivent manger chacuns dans leur appartement, à une même table, & aux mêmes heures ; ils doivent garder le silence pendant le temps du repas, pendant lequel l'un d'eux doit faire dans chaque appartement, une lecture spirituelle, telle qu'elle aura été prescrite par l'Econome.

LES Incurables doivent tous être habillés uniformement, & en étoffes de couleur brune ; les Femmes ne doivent porter que des coëffures très-simples, & sans aucunes dentelles ni rubans. Ceux qui ne sont point atteints de maladies qui empêchent qu'ils ne puissent travailler, doivent s'occuper aux ouvrages qui leur sont ordonnés par le Recteur qui a l'inspection sur cette partie, ou par l'Econome, sans qu'il leur soit permis sous aucun prétexte, de travailler pour leur compte particulier, ou pour des étrangers.

ILS

Ils doivent affifter, les jours de Dimanches & Fêtes, aux Offices Divins que l'on célebre dans l'Eglife ; ils doivent approcher des Sacrements une fois au moins chaque mois ; ils doivent s'acquiter avec exactitude de tous les devoirs de piété qui leur ont été prefcrits par les Fondateurs des Places qu'ils rempliffent.

Ils ne doivent fortir de la Maifon, que dans des cas de néceffité, & ils ne peuvent le faire, qu'après en avoir obtenu la permiffion de l'Econome ; il leur eft très-expreffément défendu d'apporter de dehors du Vin ni aucunes Provifions de bouche, attendu que la Maifon leur fournit tout ce qui eft néceffaire à leur fubfiftance.

Lorsqu'ils décedent dans l'Hôtel-Dieu, les meubles qui peuvent leur appartenir, de même que tout ce qu'ils pourroient y avoir acquis par leur travail, appartient à l'Hôpital, à l'exclufion de leurs Parents collateraux, en conformité de l'Article III. des Lettres-Patentes de l'année 1716. de la difpofition duquel article, mention doit être faite dans tous les Actes de réception des Incurables.

Le droit de Nomination à quelques-unes de ces Places appartenant au Bureau, il doit y pourvoir auffi-tôt qu'elles viennent à vaquer, d'une maniere conforme aux intentions des Fondateurs ; mais l'on ne doit jamais, fous aucun prétexte, en difpofer par anticipation, & les affurer à qui que ce foit, avant qu'elles foient vacantes.

R

CHAPITRE XXX.

Des Freres & Sœurs, & des Domeſtiques de l'Hôpital.

LE nombre des Domeſtiques n'eſt point fixé, il augmente ou diminue, ſuivant les circonſtances du nombre des malades, ou de celui des Enfants expoſés ou abandonnés : l'on n'en doit recevoir aucuns qui ſoient au deſſous de l'âge de dix-huit ans, & au deſſus de celui de vingt-cinq ans. Ceux qui ont été une fois renvoyés de la Maiſon, ou qui l'ont volontairement quittée ſans une permiſſion du Bureau, ne peuvent plus y rentrer en qualité de Domeſtiques, ſous quelque prétexte que ce puiſſe être.

L'on donne aux Garçons quarante-cinq livres de gages : on leur fournit un Juſte-au-corps de Drap pour l'hyver, & un de Toile pour l'Eté, de même que le Linge néceſſaire à leur uſage. Ils ſont nourris dans la Maiſon, tant en ſanté qu'en maladie ; & lorſque pendant un temps conſidérable, ils ont donné des preuves aſſurées de la régularité de leurs mœurs, & de leur attachement au ſervice des Pauvres, le Bureau après avoir pris l'avis de l'Econome, les reçoit au nombre des Freres de l'Hôpital, dans lequel ils ſont nourris & entretenus pendant leur vie, pourvu qu'ils rempliſſent leur devoir.

On leur donne, outre la nourriture & l'entretien, une somme de dix-huit livres par année.

Les Filles qui font reçues dans la Maifon en qualité de Domeftiques, reçoivent trente-fept livres dix fols de gages par année, & on leur fournit des Tabliers de toile pour leur ufage. Après un certain temps de fervice, fi elles ont donné des preuves de vertu & de charité envers les Pauvres, elles font reçues au nombre des Sœurs de la Maifon, pour y refter pendant leur vie, & continuer leurs fervices envers les Pauvres, fans rien recevoir que leur entretien. Après le décès, tant des Freres que des Sœurs, le Bureau fait célébrer pour chacun cinquante Meffes baffes ; il fait faire auffi, chaque année, après la Fête de Sainte Marthe, un Service pour tous les Freres & Sœurs décedés.

Les Freres & les Sœurs ne font reçus dans l'Hôpital, qu'à la charge d'obéir exactement au Bureau, de même qu'à l'Econome, dans tout ce qui concerne le bien & l'avantage de la Maifon, le fervice des malades, & les devoirs particuliers de l'Emploi dont ils font chargés. L'Econome, de l'avis du Recteur qui a la direction de l'intérieur de l'Hôpital, fait la diftribution des Emplois fuivant la capacité & les talents des fujets. Parmi les Freres, les uns font chargés de travailler fur les Livres de la Maifon, les autres de veiller fur les Domaines de la Campagne ; d'autres font deftinés à l'emploi de Charpentier, de Maçon ; d'autres font occupés à faire la Boucherie & la Boulangerie ; d'autres à prendre foin des vins & à en faire la diſtribution; d'autres ſont employés aux Leſſives, à faire les Matelas, à la Charrette, & aux Quêtes qui ſe font dans la Ville; deux autres enfin rempliſſent la fonction de Portiers. Quant aux Sœurs, le plus grand nombre en eſt occupé au ſervice des malades, à celui des Enfants, des Inſenſés, des Convaleſcents, des Incurables, à faire les Accouchements des pauvres Femmes & des Filles qui ont été reçues dans l'Hôpital pour y faire leurs couches; pluſieurs ſont employées à la Pharmacie, d'autres à la Cuiſine, aux ouvrages de la Sacriſtie, à faire les Habits des perſonnes de la Maiſon, aux Leſſives & à la Couture; une enfin eſt prépoſée à la garde de la porte intérieure de l'Hôpital.

LES Freres & les Sœurs doivent s'acquitter avec toute la vigilance & l'exactitude poſſible, des différentes fonctions dont ils ſont chargés, & il leur eſt abſolument interdit d'y employer, ni de s'y faire aider par aucuns Convaleſcents, ni aucune autre perſonne, ſous quelque prétexte que ce ſoit, ſans un ordre exprès de la part de l'Econome.

LES Freres & les Sœurs doivent manger en communauté, & prendre au Réfectoire la place qui leur eſt aſſignée, à moins qu'il n'y ait quelque raiſon légitime qui les oblige à manger en particulier, ce qu'ils ne peuvent cependant faire, qu'avec la permiſſion de l'Econome.

LORSQU'ILS ſont malades, ils doivent être placés dans les Infirmeries ou Salles, avec les autres malades, & uſer du même bouillon & des mêmes aliments.

ILs ne doivent fortir de la Maifon, qu'après en avoir demandé & obtenu la permiffion de l'Econome, qui ne doit la leur accorder, que dans des heures convenables, & jamais pendant le temps que le Bureau eft affemblé, à moins qu'il n'y ait quelque raifon très-preffante. Il leur eft abfolument défendu de paffer la nuit hors de la Maifon fous quelque prétexte que ce foit; & en cas que cela arrive, l'Econome doit en informer le Bureau.

CEUX qui ne font pas actuellement employés au fervice des malades, ou à quelqu'autre fonction qu'il ne leur eft pas poffible de quitter, doivent affifter aux Offices qui fe célebrent dans l'Eglife les Dimanches & Fêtes, & aux Proceffions accoutumées; ils doivent fe confeffer & communier tous les troifiemes Dimanches de chaque mois, & accompagner le Saint-Sacrement lorfqu'on le porte aux malades, autant que leur Emploi peut leur en laiffer la liberté. Il ne leur eft pas permis d'être Parrains ni Marraines des Enfants que l'on baptife dans la Maifon, fans une permiffion expreffe du Bureau.

LES Sœurs & les Novices doivent veiller chacunes à leur tour auprès des malades de leur appartement : elles ne doivent point s'affeoir ni converfer enfemble pendant le cours de la nuit, devant uniquement s'occuper du foin & du foulagement des malades. Si quelqu'un fe trouvoit en danger de mort, elles doivent avertir le Prêtre infirmier par le fon de la cloche, qui répond à fa chambre, pour qu'il le difpofe à mourir.

LES Sœurs chargées du foin des malades ne doivent

jamais quiter les Infirmeries, du moins toutes enfemble ; elles ne doivent point employer les Convalefcents au fervice des malades , & bien moins encore à leur fervice particulier.

Elles doivent faire les Lits des malades deux fois chaque jour fi l'état de la maladie le permet ; elles chan-geront les Draps & les Chemifes, au moins une fois chaque femaine, & plus fouvent s'il eft convenable à l'état du malade ; elles auront foin , lorfque le temps fera beau de faire fecouer, le plus fréquemment qu'il fera poffible , les couvertures qui font à l'ufage des malades.

Elles balayeront deux fois par jour les Salles ou Infirmeries , & elles auront foin de les parfumer de temps à autre , fur-tout lors des Proceffions qui s'y font dans des Fêtes folemnelles , & tous les jours , pendant le temps de la vifite des Médecins & des Recteurs. La Sœur chargée de la direction de la Pharmacie doit fournir les Parfums néceffaires : l'une des Novices doit être fpé-cialement chargée du foin d'ouvrir & de fermer chaque jour , lorfque le temps peut le permettre , les fenêtres des Infirmeries.

Lorsqu'elles feront appellées au fon de la cloche pour aller prendre ce que l'on donne pour la nourriture des malades , elles fe rendront à la Cuifine pour y recevoir le Bouillon & la Viande , dont elles feront la diftribu-tion aux malades felon leur befoin ; elles prendront de même des œufs à la Cuifine , pour ceux auxquels l'ufage en aura été permis.

ELLES ne doivent faire changer de Lits aux malades, que par des raisons très-pressantes, & le plus rarement qu'il est possible ; & elles doivent sur le champ informer les Sœurs de la Pharmacie de ce changement, pour prévenir toute équivoque dans la distribution des Remedes ; elles doivent avoir soin en même-temps de changer le carton qui avoit été attaché au premier Lit que le malade avoit occupé, & de l'attacher à celui dans lequel il aura été transféré.

LORSQU'UN malade paroît être en danger de mort, la Sœur qui a la direction de l'appartement dans lequel il se trouve, doit avertir le Prêtre Infirmier de le disposer à recevoir l'Extrême-Onction ; elle doit faire mettre au pied du Lit un Banc couvert d'une Nappe, une Serviette, de la mie de Pain, de l'Eau bénite, avec un Asperfoir, & de l'Eau ordinaire dans un vase ; lorsque le Malade est à l'agonie, elle avertira le Vicaire de lui faire la récommendation de l'Ame ; le malade étant décédé, elle fera avertir le Prêtre Infirmier de faire pour le Défunt les Prieres marquées dans le Rituel ; elle doit ensuite faire inscrire son nom, avec le jour de son décès, sur le Regiftre mortuaire qui est dans la Sacriftie des Infirmeries.

LORSQU'UN malade est décédé, il doit être laissé pendant six heures au moins, dans la même situation où il est mort, avant que de l'enfevelir ; après quoi la Sœur qui a la direction de l'Infirmerie fera avertir les Domeftiques chargés de cette fonction de prendre le Corps, & de le porter dans la Chapelle deftinée à cet effet. Les

Prêtres, Officiers & Domeſtiques de la Maiſon, qui viennent à décéder, ſont mis dans la Chapelle qui eſt dans le Cloître au deſſous du Dôme, & ils ſont inhumés dans l'Egliſe de l'Hôpital : l'on y inhume auſſi les malades qui ſont décédés dans la Maiſon, moyennant une modique ſomme réglée pour ce droit de ſépulture.

Lorsque les malades ont récouvré la ſanté, & que les Médecins ont jugé à propos qu'ils ſoient renvoyés, la Sœur qui a la direction de l'appartement dans lequel ils étoient, doit leur faire remettre leurs habits, & les conduire juſques à la porte de l'Hôpital, pour faire noter par le Portier le jour de leur ſortie. Outre ces Réglements généraux pour les Freres & les Sœurs, & les Domeſtiques, il y a d'autres Réglements particuliers, qui contiennent un détail plus étendu de leurs différentes obligations : ils ſont également tenus de les ſuivre & de s'y conformer exactement.

CHAPITRE

CHAPITRE XXXI.

Du Portier.

LE Portier doit toujours être un des Freres reçus dans l'Hôtel-Dieu : comme il eſt chargé d'un grand nombre de fonctions différentes , il eſt aidé dans cet Emploi par un autre Frere, qui eſt choiſi par le Bureau ; & il ne doit confier à aucun autre les clefs de la Maiſon, ſans une permiſſion particuliere de l'Econome.

Il doit examiner avec attention tout ce qu'on emporte hors de l'Hôpital ; en cas de ſoupçons il lui eſt permis de fouiller ceux qui ſortent ; & s'il les trouve ſaiſis de quelque choſe qui appartient à la Maiſon, il doit les arrêter, & les retenir juſques à ce qu'il en ait donné avis à l'un des Recteurs, & reçu ſes ordres.

Il ne doit permettre à aucunes des perſonnes de la Maiſon, ſoit Officiers, Domeſtiques, ou autres, d'en ſortir ſans en avoir obtenu permiſſion de l'Econome ; & ſi quelqu'un étoit ſorti ſans cette permiſſion, ou que quelqu'autre ne fût pas rentré à l'heure preſcrite par les Réglements, le Portier doit en informer exactement l'Econome : il ne doit de même laiſſer ſortir aucuns de ceux qui ont été reçus comme malades, à moins qu'ils ne ſoient accompagnés par la Sœur qui a la direction de l'Infirmerie,

S

dans laquelle ils avoient été placés. Tous les soirs avant neuf heures, il doit porter les clefs de la Maison dans la chambre de l'Econome.

A l'arrivée de chaque malade qui se présente pour être reçu dans l'Hôtel-Dieu, le Portier doit sur le champ avertir, par le son de la cloche, le Chirurgien principal, de venir le visiter. Si le malade se trouve dans le cas d'être reçu, le Portier doit écrire sur un Billet son nom, son âge, sa Profession, le Lieu de sa naissance, celui de son Domicile, s'il en a un, le jour, le mois & l'année de sa réception : ce Billet doit être signé par le Chirurgien qui l'aura reçu. Outre ce Billet, le Portier en doit attacher un second au bras du malade, sur lequel il notera de même son nom, son âge, le Lieu de sa naissance & le jour de sa réception : ce second Billet sert à reconnoître le malade, pour inscrire le jour de sa sortie, lorsqu'il est renvoyé après sa guérison, ou celui de son décès, s'il vient à mourir dans l'Hôpital.

Si pendant le cours de la nuit, il se présente quelque malade dans un état préssant, ou quelque Femme qui soit dans les douleurs de l'accouchement, ou que l'on apporte quelque Enfant qui ait été exposé, le Portier doit se lever sur le champ pour les recevoir, après en avoir cependant informé l'Econome. Il conduira les malades dans les appartements qui leur sont déstinés, & il remettra les Enfants aux Sœurs qui sont chargées d'en prendre soin. Si les malades reçus pendant la nuit sont reconnus lors de la visite des Médecins, être dans le cas de refter dans la Maifon , le Portier doit faire figner le Billet de leur réception par le Médecin qui les aura vu , ou par le Chirurgien principal.

Tous les Billets de réception des malades doivent être exactement rapportés chaque jour fur un Regiftre qui eft tenu par le Portier , à la marge duquel il doit noter l'année , le mois & le jour que les malades font fortis de l'Hôtel-Dieu, ou qu'ils y font décédés.

Le Portier ne doit recevoir aucun Enfant expofé , que de l'ordre de l'un des Recteurs, ou de l'Econome. Lorfqu'il les reçoit, il doit noter fur le champ , l'année , le mois & le jour de leur expofition & de leur réception dans l'Hôtel-Dieu, le lieu où l'Expofition a été faite, l'âge des Enfants , la qualité & la couleur des Langes , ou autres Hardes avec lefquelles ils ont été trouvés , le nom des Perfonnes par qui ils ont été apportés : cette Note doit être remife à l'inftant par le Portier au Frere qui eft chargé de tenir le Regiftre des Expofitions des Enfants, pour être rapportée avec exactitude fur ce Regiftre.

Le Portier eft encore chargé du foin de marquer les Enfants pour lefquels le Bureau juge à propos d'accorder quelque fecours aux Peres & Meres pour contribuer à la dépenfe de leur nourriture jufques à l'âge de quinze mois.

Chaque jour d'affemblée du Bureau , le Portier doit repréfenter tous les Billets de réception des malades qui font entrés dans l'Hôpital depuis le Bureau précédent. Il doit y joindre une Feuille imprimée qui contienne le nombre des Officiers, Domeftiques & Incurables qui font dans la Maiſon , celui des malades , le nombre de ceux qui ſont entrés ou décédés depuis la derniere aſſemblée du Bureau , de même que le nombre des Enfants & des Nourrices , afin que le Bureau ait toujours une connoiſſance exacte de l'état de la Maiſon , & du nombre de perſonnes dont elle eſt chargée.

Les fonctions du Portier étant extrêmement importantes , le choix n'en peut être fait que par le Bureau , & non par l'Econome : le Bureau ſeul a droit de le changer , lorſqu'il le juge à propos.

CHAPITRE XXXII.

Des Fonctions du Frere qui est chargé de tenir le Registre concernant les Nourrices, & celui de l'Exposition des Enfants.

CELUI des Freres que le Bureau choisit pour lui confier ce soin, doit tenir un Registre ou grand Livre, sur lequel doivent être inscrits les noms de tous les Enfants reçus dans l'Hôpital, leur âge, le numero du plomb qui leur a été attaché au cou lors de leur réception, les noms de ceux chez lesquels ils ont été envoyés en nourrice, la Paroisse où ils résident, les nippes & hardes qui leur ont été remises, & les différents payements qui leur sont faits pour la nourriture des Enfants.

IL doit assister, le Vendredi de chaque semaine, au payement qui est fait par le Recteur Drapier, de la nourriture des Enfants qui ont été envoyés à la Campagne; il est chargé de la distribution des hardes qu'il est d'usage de fournir pour leur entretien; & lorsque quelqu'un de ces Enfants vient à décéder, il doit noter sur le Registre qui les concerne, l'année, le mois & le jour de leur décès, de même que les hardes à leur usage qui ont été rendues par ceux qui les nourrissoient.

Il est chargé de tenir un second Regiſtre ſur lequel il doit écrire la réception de tous les Enfants expoſés ; il notera avec exactitude , l'année , le mois & le jour de leur expoſition & de leur réception dans l'Hôtel-Dieu ; il fera mention du lieu où l'expoſition aura été faite , de l'âge des enfants autant qu'il eſt poſſible de le reconnoître , de la qualité & de la couleur des langes ou autres hardes avec leſquelles ils auront été trouvés, du nom des perſonnes par qui ils auront été apportés ; il tranſcrira ſur le même Regiſtre les Billets qui pourroient avoir été trouvés ſur eux , & il notera à la marge du même livre les noms de ceux à qui les Enfants auront été donnés à nourrir , la Paroiſſe où ils demeurent , le jour qu'ils leur auront été remis, & le numero du plomb qui aura été attaché au cou de chaque Enfant , lorſqu'il aura été envoyé en nourrice. Ce Regiſtre eſt dépoſé dans les Archives de l'Hôpital , pour que l'on puiſſe y avoir recours lorſque le cas le requiert : l'on doit en donner une Copie à MM. les Recteurs de la Charité lorſque ces Enfants leur ſont remis , après qu'ils ont atteint l'âge preſcrit par les Réglements faits entre les deux Hôpitaux.

Le Frere chargé du ſoin de tenir ces Regiſtres ne doit en donner communication à perſonne ſous quelque prétexte que ce ſoit ; mais il doit renvoyer aux Recteurs , ou à l'Econome , ceux qui pourroient avoir beſoin d'y chercher quelques éclairciſſements , ou d'en retirer des Extraits.

CHAPITRE XXXIII.

De la Charge de celui qui a la Direction de la Boulangerie.

LE Boulanger doit prendre soin qu'il y ait toujours dans la Maison une quantité de pain suffisante pour la consommation qui s'en fait pendant deux jours, parce que le pain trop récemment fait, peut être nuisible aux Malades.

Il doit veiller qu'il y ait toujours par avance une quantité considérable de Bled moulu, la Farine étant d'un meilleur usage lorsqu'elle a été gardée pendant quelquetemps : il doit prendre garde qu'elle ne s'échauffe point, & à cet effet la remuer souvent ; il doit avoir soin d'en séparer le son pour être vendu de l'ordre du Recteur qui est chargé de la direction des Grains ; il n'en doit point vendre lui-même, mais il doit seulement tenir un compte exact de la quantité qu'il en remet à ceux qui sont chargés d'en faire la vente.

Il ne se servira pour lui aider d'aucun Etranger, ni d'aucunes personnes de la Maison sans la permission de l'Econome ; il ne permettra point que l'on mange ou boive dans la Boulangerie ; il ne donnera du pain à qui que ce soit en particulier, il n'en distribuera que la quantité qui aura été déterminée pour l'usage des Malades, & il en fera la distribution aux heures réglées. Les Sœurs de chaque appartement viendront elles-mêmes prendre la quantité de pain néceſſaire , eu égard au nombre des Malades de leur appartement. Il en fera porter au Refectoire une quantité ſuffiſante pour chaque repas , après lequel il prendra ſoin de recueillir ce qui en ſera reſté pour en diſpoſer ſuivant les ordres de l'Econome.

Il coupera le pain deſtiné pour la ſoupe des Malades en tranches fort déliées , afin qu'il ſoit plus facilement humecté par le Bouillon ; & la diſtribution en ſera faite à la fenêtre de la Boulangerie , & non ailleurs.

CHAPITRE

CHAPITRE XXXIV.

Du Sommelier.

LE Sommelier eſt toujours un des Freres reçus dans l'Hôtel-Dieu ; il eſt chargé de toute la diſtribution du Vin néceſſaire, tant pour la Communauté, que pour les Malades auxquels l'uſage en a été permis par les Médecins ; il doit la faire en conformité du Réglement particulier qui concerne l'intérieur de la Maiſon, ou ſuivant les ordres qui lui ſont donnés par l'Econome.

IL doit examiner avec attention les différentes qualités des Vins, pour employer dans le temps convenable ceux qui pourroient être plus aiſément ſuſceptibles d'altération ; il doit une fois chaque jour viſiter avec ſoin toutes les Caves, pour prévenir les accidents qui pourroient arriver par le mauvais état des Tonneaux, & y mettre ordre ſur le champ.

T

CHAPITRE XXXV.

Du Quêteur.

LE Frere qui eſt employé à cette Fonction, ne doit faire la Quête, qu'avec la Robe ordinaire des Freres de l'Hôtel-Dieu ; il la fait les jours de Dimanche & de Fêtes ſolemnelles, dans les principales Egliſes de la Ville, pendant le temps des Offices Divins, & les autres jours dans les maiſons particulieres des Citoyens ; il doit recevoir les Aumônes dans une Boëte fermée à deux clefs, qu'il doit remettre à l'Econome, auſſitôt qu'il eſt de retour dans la Maiſon ; il doit ſe borner à préſenter cette Boëte aux perſonnes à qui il demande, ſans uſer à leur égard d'aucune importunité.

IL doit ſe rendre dans la Maiſon aux heures ordinaires des repas, ſans qu'il puiſſe les prendre dehors ſous aucun prétexte. Lorſqu'il n'eſt pas employé à la Quête, il doit s'occuper aux autres fonctions qui lui ſont preſcrites par l'Econome.

CHAPITRE XXXVI.

Des Fonctions des Sœurs qui font chargées du foin de la Cuifine.

L'UNE des Sœurs reçues dans la Maifon, eft chargée de la direction de la Cuifine ; on lui donne le nombre d'autres Sœurs, & de Domeftiques néceffaires pour l'aider dans cette fonction.

ELLE reçoit chaque jour toute la Viande qui fe confomme pour la nourriture des Malades, Officiers, Domeftiques, & autres perfonnes de la Maifon ; elle doit faire elle-même la diftribution de celle qui eft deftinée pour le Réfectoire. Les Sœurs qui agiffent fous fes ordres, doivent diftribuer celle qui eft deftinée pour les Malades ; de même que le Bouillon.

ELLE doit acheter toutes les provifions qui fe confomment journellement, telles que le Beurre, les Oeufs, & le Poiffon ; elle eft chargée du foin de vendre toute la graiffe qui fe tire des viandes rôties, dont elle doit rendre compte à la fin de chaque mois au Recteur qui a infpection fur la Cuifine.

ELLE doit veiller avec attention que le Bouillon deftiné pour les Malades foit fait avec tout le foin & toute la propreté poffible ; elle ne doit permettre qu'aucunes des perfonnes de la Maifon s'arrêtent fans néceffité dans la Cuisine , & encore moins, qu'elles s'y servent elles-mêmes ; elle ne doit rien donner de particulier à qui que ce soit , sans un ordre exprès de l'Econome.

ELLE doit prendre soin que les Sœurs qui agissent sous ses ordres , fassent la distribution du Bouillon pour les Malades , aux heures prescrites par les Réglements particuliers de la Maison.

LES Sœurs chargées du Service des différentes Infirmeries , doivent venir prendre à la Cuisine , soit le Bouillon , soit la Viande destinée pour les Malades & les Convalescents , lorsqu'elles sont appellées par le son de la Cloche qui sert à cet usage.

CHAPITRE XXXVII.

Des Fonctions & des Devoirs des Sœurs, qui ont soin des Accouchements.

IL y a dans l'Hôpital deux Appartements différents, qui font deftinés pour les Accouchements : l'un eft pour les pauvres Femmes de la ville, qui étant hors d'état par leur indigence de faire leurs couches chez elles, font reçues dans l'Hôpital, lorfqu'elles s'y préfentent aux approches de l'accouchement, & y reçoivent tous les fecours néceffaires jufques à leur parfait rétabliffement ; l'autre Appartement eft deftiné pour les Filles enceintes, qui n'y font reçues, qu'en vertu d'un ordre par écrit du Recteur chargé de cette partie de l'adminiftration.

Les Femmes de la Ville qui font reçues dans l'Hôpital pour faire leurs couches, ne peuvent point prendre de Parrains, ou de Marraines hors de la Maifon. Les Sœurs chargées de les fervir, doivent veiller avec attention qu'elles ne mettent point leurs Enfants dans leurs lits ; elles doivent avoir foin de leur fournir des Berceaux, qui doivent être placés fur des Bancs à côté des Lits. On doit les renvoyer auffitôt qu'elles font parfaitement rétablies.

Les Sœurs qui ont la direction de l'Appartement

des Filles enceintes, doivent veiller avec foin, qu'elles rempliffent exactement tous les devoirs de Religion : l'une des Sœurs doit être prépofée pour leur faire faire chaque jour la Priere du Matin, & celle du Soir, & les conduire à la Meffe dans la Tribune qui leur eft deftinée ; elle doit les occuper alternativement, pendant la journée, au Travail, à la Priere & à quelques Lectures fpirituelles, & elle doit toujours refter avec elles.

LES jours de Dimanches & de Fêtes, elles doivent affifter dans leur Tribune à la grand'Meffe, aux Vêpres & à la Prédication. On doit les engager, autant qu'il eft poffible, à fe confeffer au moins tous les quinze jours, & principalement aux approches du temps de leur accouchement. Il eft d'ufage de leur donner des Confeffeurs étrangers, qui doivent être choifis dans le nombre des Eccléfiaftiques ou des Religieux qui font admis à confeffer dans la Maifon.

LORSQUE les Filles font accouchées, le Sacriftain doit adminiftrer le Baptême aux Enfants le plutôt qu'il eft poffible, à moins que quelqu'un de ces Enfants fe trouvant en danger de mort, il n'y ait lieu de craindre que l'on n'eût pas le temps d'avertir le Sacriftain, ou à fon défaut un autre Prêtre de la Maifon, pour le lui conférer ; auquel cas l'une des Sœurs doit le lui donner elle-même, fuivant la forme prefcrite par le Rituel. On ne doit point admettre de perfonnes étrangeres pour être Parrains ou Marraines de ces Enfants, fans une permiffion expreffe du Bureau. Cette fonction doit être donnée à des perfonnes de la Maifon.

L'UNE des Sœurs qui font employées au fervice de cet Appartement, doit toujours refter pendant la nuit dans la chambre des Filles qui font accouchées, pour être en état de donner fur le champ les fecours qui pourroient être néceffaires, tant aux Filles accouchées, qu'aux Enfants.

LORSQUE le miniftere du Chirurgien fera néceffaire pour faire quelque opération dans cet appartement, il ne pourra y être appellé, qu'après en avoir auparavant informé l'Econome, & il fera toujours accompagné par deux Sœurs, jufques à ce qu'il en foit forti.

LORSQUE les Filles, après leur accouchement, feront parfaitement rétablies, les Sœurs en avertiront le Recteur chargé de la direction de cet appartement, fans la permiffion duquel elles ne peuvent point les renvoyer; lorfqu'il aura jugé à propos de l'accorder, on leur remettra toutes les Nippes & Hardes étant à leur ufage, & l'une des Sœurs de l'appartement les conduira jufques à la porte de la Maifon.

TOUS les Accouchements, foit des Femmes ou Filles, doivent être faits alternativement par les Sœurs deftinées à cet Emploi, afin que par un exercice continuel, elles foient en état d'acquérir toute l'expérience que demande cet Art. Les anciennes doivent faire part aux autres des connoiffances qu'elles ont acquifes, & les aider de leurs confeils, principalement dans les accouchements difficiles.

ELLES ne doivent faire aucuns accouchements dans la Ville, fous quelque prétexte que ce foit, fans une permiſſion expreſſe du Bureau, qui ne doit être donnée que par des motifs très-preſſants. L'on ne doit recevoir dans la Maiſon aucunes Femmes ou Filles étrangeres, pour les inſtruire dans l'Art des Accouchements.

La Sœur qui a la direction de cet Appartement, eſt encore chargée du ſoin de viſiter les Femmes & les Filles malades qui ſe préſentent pour être reçues dans l'Hôpital. S'il s'en trouve quelqu'une qui ſoit enceinte, ou qui ſoit atteinte de maux vénériens, & qui ne puiſſe pas être renvoyée à cauſe de la Fievre, elle doit en avertir ſur le champ la Sœur de l'Infirmerie, dans laquelle la malade doit être placée, afin qu'elle ait ſoin de la mettre ſeule dans un lit, & que le Médecin ne lui ordonne point de remedes qui puiſſent être contraires à l'état dans lequel elle ſe trouve.

CHAPITRE

CHAPITRE XXXVIII.

Des Devoirs de la Sœur qui est chargée du soin des Enfants.

L'UN des principaux objets de l'administration de l'Hôtel-Dieu est le soin qu'il prend des Enfants exposés ou abandonnés par leurs Parents : ces Enfants font envoyés à la Campagne pour y être nourris jusqu'à ce qu'ils soient parvenus à l'âge de six ans, auquel temps ils en font retirés, & il restent dans l'Hôpital, jusques à ce qu'ils aient atteint l'âge de six ans & sept mois, auquel ils font remis à MM. les Recteurs de la Maison de la Charité, en exécution des Réglements faits entre les deux Hôpitaux.

UNE Sœur est spécialement destinée à prendre soin de leur entretien & de leur éducation, pendant le temps qu'ils restent dans l'Hôpital ; elle est aidée du nombre de Sœurs ou de Domestiques nécessaire, eu égard au nombre des Enfants ; elle doit veiller avec attention qu'ils soient bien nourris & habillés ; elle doit être chargée par un Inventaire, du Linge, des Habits, de même que des Meubles & Ustensiles nécessaires pour leur usage.

ELLE doit prendre soin de les instruire des principes

V

de la Religion, autant que leur âge peut le permettre : elle doit veiller que l'Ecclésiastique qui est chargé de leur faire le Cathéchisme trois fois chaque semaine, suivant la Fondation qui en a été faite, s'en acquite avec exactitude ; & supposé qu'il vînt à y manquer, elle est obligée d'en informer l'Econome : elle doit pendant le cours de la journée leur faire faire différentes Prieres, & autres exercices de Piété convenables à la portée de leur âge.

Elle doit chaque semaine, lorsque le temps & la saison le permettent, les envoyer une fois ou deux à la promenade, accompagnés du nombre de Sœurs néceslaires pour veiller sur leur conduite ; dès qu'elle s'apperçoit, ou qu'elle est informée que quelques-uns sont malades, elle doit les faire transporter dans l'Infirmerie destinée pour les Enfants, dans laquelle l'on doit toujours faire coucher une Sœur pour qu'elle soit en état de pourvoir plus promptement à tous leurs besoins. Le Médecin doit les visiter chaque jour comme les autres malades de la Maison.

Elle doit prendre soin de faire observer pour les heures de leur lever & de leur coucher, de même que pour celles de leur repas, & pour la maniere de les nourrir & de les habiller, les dispositions du Réglement particulier de l'intérieur de la Maison, qui les concernent.

CHAPITRE XXXIX.

Des Fonctions de la Portiere.

UNE Sœur est préposée pour garder la Porte qui est à l'entrée de l'intérieur de l'Hôpital ; elle ne doit jamais la quitter sous quelque prétexte que ce soit, sans substituer une autre des Sœurs à sa place ; elle doit veiller avec attention que l'on n'introduise rien dans la Maison, qui puisse être préjudiciable à la santé des Malades, & en cas de soupçons, elle peut fouiller les personnes qui vont les visiter.

ELLE doit tenir la Porte fermée pendant les heures du dîner & du souper de la Communauté & des Malades, de même que pendant le temps que l'on donne les Remedes : elle ne doit l'ouvrir, que depuis sept heures du matin, jusqu'à dix heures, & depuis deux heures après midi, jusques à quatre heures ; pendant les heures du dîner & du souper de la Communauté, elle doit veiller sur la conduite des Convalescents, à qui l'on permet de se promener dans les Cours & dans les Cloîtres de la Maison.

ELLE doit engager les personnes qui entrent dans l'intérieur de l'Hôtel-Dieu, à donner quelque chose pour les Pauvres à titre d'aumône ; elle doit le faire avec douceur, & feulement par forme d'invitation, à l'égard des perfonnes de quelque confidération : fi quelqu'un vouloit entreprendre d'entrer malgré elle, elle ne doit point ufer de violence, mais elle doit en informer fur le champ l'Econome.

CHAPITRE XL.

Des Principaux Exercices de Piété qui se font dans l'Hôpital.

TOUS les premiers Dimanches de chaque Mois, & les jours de Fêtes solemnelles, la grand'Messe est chantée dans l'Eglise de l'Hôpital, par les Prêtres de la Maison qui ne font point occupés auprès des malades : l'on y chante les Vêpres tous les jours de Dimanches & de Fêtes, elles font suivies du Sermon.

Tous les Mercredis de l'année, fur les quatre heures du foir, l'on donne la Bénédiction du Saint Sacrement, à laquelle tous les Recteurs assistent avec des flambeaux à la main, avant que d'entrer au Bureau.

Tous les troifiemes Dimanches de chaque Mois, le Saint Sacrement eft expofé dans l'Eglife pendant toute la journée : on le porte en proceffion à quatre heures du foir au tour du Cloître, & de la Place qui eft au devant de l'Hôtel-Dieu ; les Recteurs, de même que toutes les perfonnes de la Communauté qui ne font pas occupées auprès des malades, affiftent à cette Proceffion qui eft fuivie de la Bénédiction.

LE jour de l'Octave de la Fête-Dieu, l'on fait auffi la Proceffion du Saint-Sacrement, tant dans la Place, qui eft au devant de l'Hôpital, que dans le Cloître, &

les Infirmeries; le Bureau y affifte de même avec toutes les perfonnes de la Maifon; il affifte également aux Offices du Jeudi & du Vendredi de la Semaine fainte, de même qu'à l'Adoration de la Croix.

LE jour de la Fête de la Purification, la grand'Meffe eft chantée folemnellement dans l'Eglife de l'Hôpital; elle eft fuivie d'une Proceffion autour du Cloître & des Infirmeries, à laquelle affiftent MM. les Marchands Drapiers, dont la Confrairie eft établie depuis plufieurs Siecles dans cette Eglife: ils font pendant le cours de cette Proceffion des Aumônes confidérables pour les befoins des Pauvres de l'Hôpital.

L'ON fait auffi la Proceffion pendant les trois jours de Rogations autour du Cloître feulement, & non dans les Infirmeries; toutes les perfonnes de la Maifon, qui ne font pas occupées au fervice des malades, ou ailleurs, doivent y affifter.

L'ON célebre chaque année, avec toute la folemnité poffible, la Fête de Sainte Marthe: le Bureau affifte à tous les Offices de ce jour.

L'ON fait tous les ans dans l'Eglife de l'Hôpital, des Services folemnels, pour MM. les Comtes de Lyon. MM. les Prévôt des Marchands & Echevins, Recteurs Primitifs de l'Hôtel-Dieu, MM. de la Cour des Monnoies, & MM. les Tréforiers de France, en confidération des Bienfaits que les Pauvres reçoivent de ces Compagnies: le Bureau affifte à ces différents Services, & reçoit les Compagnies à la Porte de l'Eglife, d'où il les conduit jufques à celle du Chœur pour y prendre les places qui leur ont été préparées.

L'on célebre de même des Services folemnels auffitôt après le décès de tous ceux qui ont été appellés au fervice des Pauvres, en qualité de Recteurs; il eft auffi d'ufage de faire affifter à leur Enterrement, douze des Vieux de la Charité, avec des flambeaux à la main, qui font conduits par l'un des Freres de l'Hôpital.

Lorsque quelques perfonnes font demander des Prieres, & que le Bureau ou l'Econome ont jugé à propos de les ordonner, les Sœurs qui ont la direction de chaque Infir-merie, en avertiffent les malades, & leur font faire les Prieres qui ont été prefcrites; la Communauté les fait dans l'Eglife, à l'iffue du dîner ou du fouper, ou après la Priere du foir, qui fe fait à l'Autel de l'Infirmerie des malades Fiévreux.

Parmi les différents exercices de Piété que rempliffent les Recteurs, l'un des plus intéreffants pour le foulage-ment des Pauvres, étant celui de leur procurer les fecours des Aumônes, les Recteurs font eux-mêmes des Quêtes à la Porte de l'Eglife de l'Hôtel-Dieu tous les jours de Fêtes folemnelles, & en particulier, le jour de la Fête de la Purification pendant la Proceffion, à laquelle affif-tent MM. les Marchands Drapiers; le Dimanche des Rameaux & les autres jours de la Semaine Sainte; les jours de Pâques, de la Pentecôte, & de la Fête de Touffaint; le jour de la Fête de l'Afcenfion, & celui du Corps de Dieu, jours auxquels le Chapitre de Saint Nizier vient en Proceſſion à l'Egliſe de l'Hôpital : le premier Vendredi après Pâques, jour auquel le Chapitre de l'Egliſe Cathédrale, va en Proceſſion à la Chapelle de Saint Roch, à laquelle aſſiſtent MM. les Prévôt des Marchands & Echevins de Lyon, les Recteurs ſe rendent à cette Chapelle, pour y faire la Quête pendant le cours de la Proceſſion.

Tous les deux ans, l'on fait une Miſſion dans l'Egliſe de l'Hôpital, depuis le jour de l'Aſcenſion, juſques à la derniere Fête de Pentecôte ; elle eſt terminée par une Proceſſion du Saint Sacrement, à laquelle aſſiſte le Bureau.

Outre les différents exercices de Dévotion dont on vient de parler, il s'en fait pluſieurs autres dans l'Egliſe de l'Hôtel-Dieu, dont le détail eſt marqué ſur un Regiſtre particulier, qui eſt entre les mains de l'Econome.

PAR Délibération du Bureau de l'Hôpital Général & Grand Hôtel-Dieu de Lyon, du Mercredi 31 Décembre 1755 ; les préſents Réglements dreſſés & rédigés par M. Clapaſſon, Avocat & l'un des Sieurs Recteurs dudit Hôpital, ont été approuvés & confirmés pour être exécutés ſelon leur forme & teneur, ſuivant la délibération dudit jour, inſcrite ſur le Regiſtre des Délibérations du Bureau.

Signés, YON DE JONAGE. CLAPASSON. BONA. FLACHON. FULCHIRON. ROSE. DESCHAMPS. GILIBERT. FONTAINE. COUMARMOT. CHIRAT. DERVIEU DU VILLARD. MAYEUVRE DES ROCHERS. SPONTON.

REGLEMENTS

ACCORDÉS

ENTRE LES SIEURS RECTEURS
de l'Hôpital général de Nôtre-Dame de Pitié du Pont du Rhône & grand Hôtel-Dieu de la Ville de Lyon.

Et de l'Hôpital Général de la Charité & Aumône générale de lamême Ville.

REGLEMENT

Du deuxieme Mai mil six cent quatorze

EN l'Assemblée ce jourd'hui deuxieme Mai mil six cent quatorze, convoquée en l'Hôtel de M. le Gouverneur pour régler les difficultés & différents prêts à naître sur la nourriture des pauvres malades de maladies incurables, ou autres, entre les Recteurs de

X

l'Hôtel-Dieu & ceux de l'Aumône générale, ont comparu avec ledit Seigneur, MM. les Lieutenant Général, Avocat & Procureur du Roi, Prevôt des Marchands & Echevins, & les Recteurs desdits Corps de l'Hôtel-Dieu , & Aumône génerale.

· AUXQUELS ledit Seigneur Gouverneur ayant fait entendre le sujet de l'Assemblée, sur les remontrances & requisitions faites par lesdits Recteurs de l'Aumône générale, à ce que lesdits Recteurs de l'Hôtel-Dieu du Pont du Rhône aient à recevoir audit Hôpital les pauvres de cette Ville , malades de maladies incurables, les Pauvres étant âgés de cent ans & au dessus, les Pauvres insensés , & les Pauvres orphelins étant au dessous de l'âge de sept ans, ne pouvant lesdits Recteurs de l'Aumône recevoir aux Hôpitaux d'icelle, les pauvres de la qualité susdite , pour les raisons & considérations par eux alléguées : Et après avoir ouï lesdits Recteurs de l'Hôpital du Pont du Rhône en leurs remontrances, contre les requisitions des Recteurs de ladite Aumône, pour ce qui concerne les malades de maladies incurables, la chose mise en délibération par mondit Seigneur le Gouverneur avec lesdits Sieurs Officiers du Roi, Prévôt des Marchands & Echevins , a été arrêté , conclu & ordonné , du consentement desdits Recteurs des deux Corps, que les Pauvres malades de maladies incurables , lesquelles seront contagieuses , ou porteront corruption , ou pour raison desquelles il soit besoin de Médecin, Apothicaire, ou Chirurgien, ou d'aucun d'eux, & d'user de médicaments & remedes , seront reçus à l'Hôpital du Pont du Rhône , & les autres feront reçus à l'Hôpital de nouveau établi pour les Pauvres renfermés; & pour les Perfonnes vieilles, celles qui feront parvenues à l'âge de cent ans, feront reçues audit Hôpital du Pont du Rhône.

ET pour ce qui concerne les petits Enfants orphelins, il eft ordonné que fuivant les Regles & Statuts de ladite Aumône générale, ès Hôpitaux de la Chanal, de fainte Cathérine, n'y feront reçus lefdits Enfants qu'ils n'aient atteint l'âge de fept ans ; & ceux qui feront au deffous dudit âge , feront nourris & élevés jufques audit âge de fept ans , audit Hôpital du Pont du Rhône; à condition toutefois que venant lefdits Enfants à décéder dans ledit Hôpital du Pont du Rhône pendant le temps & âge de fept ans , il fuccedera privativement à ladite Aumône ; & quant aux autres enfants qui feront reçus audit Hôpital du Pont du Rhône , ils y feront nourris & élevés jufques à ce qu'ils foient capables de travailler & fervir , & dès-lors ils feront mis à maîtres par les Recteurs dudit Hôpital , comme il eft de coutume ; & au cas que les Enfants mis à maîtres par les Recteurs dudit Hôpital , vinffent à mandier en quittant leurs maîtres , ils feront reçus audit Hôpital des renfermés.

Signé, HALINCOURT, SEVE, BOLLIOUD, AUSTREN, PINET, MALO, JEAN DUBOIS, & RABERIN. Extrait des Actes & Regiftres de la Ville & Communauté de Lyon. FLACHER, Commis.

AUTRE REGLEMENT.

Du Jeudi trente Juillet, mil six cent quinze.

MONSEIGNEUR d'Halincourt, Gouverneur & Lieutenant Général pour le Roi en la Ville de Lyon, pays de Lyonnois, Forez & Beaujolois, ayant été averti par Messieurs les Prévôt des Marchands & Echevins de cette dite Ville, du différent survenu entre les Sieurs Recteurs de l'Aumône générale, se plaignant que les Sieurs Recteurs de l'Hôtel-Dieu ne veulent admettre les Billets pour la réception des pauvres malades de l'Hôpital des renfermés, sans y apposer la clause, *S'ils étoient de la qualité requise*, prétendant lesdits Sieurs Recteurs de ladite Aumône, que bien que ci-devant la condition eût été apposée par lesdits Sieurs Recteurs de l'Hôtel-Dieu en la réception des Billets pour les Pauvres de ladite Aumône, néanmoins ladite raison cessoit pour la louable résolution prise de subvenir à toutes les nécessités des Pauvres mendiants par la clôture d'iceux, & Réglement intervenu entre lesdits Sieurs Recteurs, & de leur consentement, le deuxieme Mai mil six cent quatorze, par lequel lesdits Sieurs Recteurs de l'Hôtel-Dieu étoient chargés, outre leur premiere institution, de recevoir toutes sortes de pauvres Malades curables ou incurables, & ainsi ladite clause demeuroit inutile ; lesdits Sieurs Recteurs de l'Hôtel-Dieu soutenoient au contraire ladite clause nécessaire, tant pour reconnoître les sains d'avec les malades, que la diverſité des maladies dont ils pourroient être atteints, & qui avoient beſoin de divers remedes ; ce qui ne ſe pouvoit faire que par la viſite de tout temps pratiquée des perſonnes qu'on préſente audit Hôtel-Dieu pour y être reçues. Et deſirant ledit Seigneur d'aſſoupir ledit diffé-rent, auroit à ces fins, ce jourd'hui, fait convoquer en ſon Hôtel leſdits Sieurs Prevôt des Marchands & Echevins, avec les Recteurs dudit Hôtel-Dieu & de ladite Aumône, où aſſiſtés des Sieurs DELIERGUES, Conſeiller du Roi, Lieutenant Général Criminel en la Sénéchauſſée & Siege Préſidial dudit Lyon, & DUBOURG, plus ancien Conſeil-ler audit Siege, pour l'abſence du Sieur Lieutenant Géné-ral, comme auſſi des Sieurs Avocat & Procureur du Roi, & en la préſence des Sieurs DECREMEAUX Précenteur, & DEUEINES, Maître du Chœur, Comtes de l'Egliſe de Lyon, Detaney, Baraillon, Goujon, Moiron, Thiery, Charrier, Galien, & Pelot, notables Bourgeois de ladite Ville, ayant ledit Seigneur fait faire lecture dudit Régle-ment, arrêté ledit jour deuxieme de Mai, mil ſix cent quatorze, & Actes extraits de l'Aumône générale & Hôtel-Dieu, leſquels, ce fait, ſe ſeroient retirés : l'affaire miſe en délibération, & mûrement conſidérée.

A été arrêté, que ledit Réglement dudit jour deuxieme Mai mil ſix cent quatorze, ſera ſuivi, obſervé & entre-tenu ſelon ſa forme & teneur, ajoutant, Auquel a été réſolu que les Billets qui ſeront ci-après envoyés par leſ-dits Sieurs de l'Aumône, aux Sieurs Recteurs dudit Hôtel-Dieu, ſeront conçus aux termes ſuivants : *Meſſieurs, nous vous prions de recevoir tels & tels malades, ayant les qua-*

lités portées par les Réglements : fera néanmoins loifible auxdits Recteurs de l'Hôtel-Dieu de faire vifiter tous lefdits malades par leur Chirurgien ou Médecin, à la charge que fi aucun d'eux étoit trouvé fain , il ne pourra néanmoins par eux être refufé, ou renvoyé, ains auparavant & pendant le temps de trois jours, feront tenus lefdits Sieurs Recteurs de l'Hôtel-Dieu d'avertir lefdits Sieurs de l'Aumône générale, que les nommés par leur Billet n'ont été trouvés malades, aux fins d'être vifités par les Chirurgiens des deux Corps, en préfence des Recteurs ou quelqu'un d'eux ; & où lefdits Chirurgiens feront difcordants en leur rapport, lefdits Sieurs Recteurs conviendront fur le champ d'un tiers Chirurgien ou Médecin ; ou à faute de ce , fera ledit tiers nommé par lefdits Sieurs Prévôt des Marchands & Echevins , pour fuivant le rapport dudit tiers , être reçu ou rejetté dudit Hôtel-Dieu ; comme auffi , au cas que lefdits Recteurs de ladite Aumône, après ledit avertiffement , ne faffent vifiter comme deffus dans ledit temps de trois jours, ceux que lefdits Recteurs de l'Hôtel-Dieu prétendront n'être malades, fera loifible aux Recteurs dudit Hôtel - Dieu les renvoyer ,ledit temps paffé. Et fera le préfent Réglement enrégiftré ès Regiftres, tant de l'Hôtel de Ville , qu'ès Bureaux de l'Hôtel - Dieu & de l'Aumône générale.

Signé , D'HALINCOURT, DE MONTCONIS, DEBOURG, BOLLIOUD , D'AVEYNE , AUSTREM , DUBOIS , DEBAIS ET LANDRY; *Et plus bas ,* Collationné à l'Original par moi, Notaire Tabellion Royal, Commis du Secretaire de ladite Ville. FLACHER.

AUTRE REGLEMENT

Du vingt-six Novembre mil six cent vingt six.

DEs différents qui étoient entre les Sieurs Recteurs & Administrateurs du Grand-Hôpital de Nôtre-Dame de Pitié du Pont du Rhône d'une part , & les Sieurs Recteurs & Administrateurs de l'Aumône générale d'autre, concernant la nourriture & éducation des Enfants exposés qui sont à la mamelle , & encore de ceux qui sont affligés de la teigne ou rache , a été entre lesdites Parties traité , chevi & accordé ainsi que s'ensuit : sçavoir, que les Enfans de la Chanal & sainte Catherine , qui se trouveront atteints & malades de teigne ou rache seront reçus , nourris & medicamentés jusqu'à parfaite guérison , dans l'Hôpital de Notre-Dame de Pitié du Pont du Rhône, comme de même ceux de la Charité , où, étant guéris , ils seront renvoyés.

Item. Que les Meres nourrices qui sont dans la Charité venant à tomber malades , seront reçues au Grand Hôpital du Pont du Rhône avec leurs enfants de mamelle seulement, & ce jusques à parfaite guérison desdites Meres, lesquelles venant à mourir , ou perdre le lait , à cause desdites maladies qui les auront fait entrer dans l'Hôpital, les Sieurs Recteurs d'icelui Hôpital pourvoiront à la nourriture desdits Enfants jusqu'à ce qu'ils aient atteint l'âge de sept ans, pour être lors remis à ladite Charité, & ne seront tenus lesdits Sieurs Recteurs d'icelui Hôpital de recevoir aucuns enfants de mamelle, ni de quelque bas âge que ce soit, autres que les susdits, & les Enfants exposés ; lesquels exposés après l'âge de sept ans, seront remis dans ladite Charité, pour y être nourris comme les autres : Et pour le surplus de ce qui a été arrêté par les précédents Réglements, seront iceuxdits précedents Réglements observés, dont a été fait le présent Acte, ledit jour & an, en présence de Mes. Ennemond Duverney & Pierre Deperdussein, Praticiens audit Lyon, témoins requis qui ont signé avec lesdits Sieurs Recteurs de l'Hôtel - Dieu & de l'Aumône générale, à la scede des présentes, suivant l'Ordonnance. *Extrait.* MOLLA.

AUTRE

AUTRE REGLEMENT

Du trois Janvier, mil six cent trente-neuf.

LEs Sieurs Recteurs de l'Hôtel-Dieu du Pont du Rhône de Lyon, & de l'Aumône générale, defirant terminer les différents entr'eux furvenus au fujet des Médicaments & Remedes que lefdits Sieurs Recteurs de l'Aumône prétendoient leur devoir être délivrés par lefdits Sieurs de l'Hôtel-Dieu ; & encore de faire traiter, médicamenter & nourrir les Teigneux & Rachets venant de l'Hôpital de la Charité, jufqu'à l'entiere guérifon : Sur quoi lefdits Sieurs de l'Hôtel-Dieu foutenoient n'y être tenus; & au contraire que lefdits Sieurs de l'Aumône devoient remédier, & leur donner contentement fur plufieurs articles où ils étoient grandement grevés ; lefquelles difficultés propofées, & pour y rapporter le remede convenable, ils auroient fait plufieurs conférences, diverfes fois, & ne s'étant pu ajufter, fe feroient réfolus de part & d'autre de nommer & convenir des Députés de chacun de leurs Corps, pour réfoudre & terminer toutes les difficultés qu'ils ont; A ces fins lefdits Sieurs de l'Aumône auroient nommé de leur part les Sieurs Euftache Rouviere Exconful, Antoine Turin, Jacques Cazot, Jean Bronod, Bourgeois, tous Recteurs de ladite Aumône générale, auxquels ils auroient donné pouvoir de traiter

Y

& accorder de tous leurs différents avec lesdits Sieurs de l'Hôtel-Dieu , par Acte fait en leur Bureau le dix - neuf Decembre dernier ; *Signé*, FAVARD. Et de la part desdits Sieurs Recteurs de l'Hôtel-Dieu, ils auroient aussi nommé & convenu les Sieurs Claude Decouleur Exconsul , Jean de la Forêts , Olivier , Gaspard & François Savaron, Bourgeois, tous Recteurs dudit Hôtel-Dieu , ayant pouvoir de terminer tous différents avec lesdits Sieurs de l'Aumône , par Acte fait au Bureau dudit Hôtel-Dieu par tous les Recteurs d'icelui, le douze Decembre dernier ; *Signé* , GAJAN ; ensuite de quoi , & des pouvoirs à eux donnés , lesdits Députés de part & d'autre se feroient assemblés le Lundi trois Janvier , mil six cent trente-neuf, & auroient résolu & demeuré d'accord des articles suivants.

ARTICLE PREMIER.

PREMIEREMENT , que toutes les Filles de joie qui auront fait leurs couches dans l'Hôtel-Dieu , ou auront été traitées du mal vénérien , feront reçues & retirées dans la Charité pour éviter qu'elles ne récidivent , & n'offensent Dieu , en vertu des Certificats des Sieurs Recteurs dudit Hôtel-Dieu ; où étant , les Sieurs Recteurs de l'Aumône générale en disposeront comme ils verront bon être , & feront envoyées ès jours de Bureau dans ladite maison de la Charité.

I I.

A été réfolu & accordé, que pour les Quêtes qui fe font proche la Chapelle S. Roch hors la Ville, elles feront continuées, & fera loifible aux Sieurs Recteurs de ladite Aumône, de tenir baffins dans la clôture du chemin montant à ladite Chapelle de S. Roch, & les Sieurs de l'Hôtel-Dieu tiendront leurs baffins au devant de la barriere proche de faint Laurent.

I I I.

Pour les Scorbutiques, les Sieurs de l'Aumône feront tenus de les garder dans l'Hôpital de la Charité, & avenant qu'aucun d'eux ait fievre, ou foit en quelque danger de mort, en ce cas les Sieurs de l'Hôtel-Dieu les recevront pour les faire traiter & médicamenter, par Billets qui leur feront adreffés par les Sieurs Recteurs de l'Aumône générale.

I V.

Et pour le regard des Teigneux & Rachets qui feront envoyés par les Sieurs Recteurs de l'Aumône à l'Hôtel-Dieu, ils y feront reçus fuivant leurs Billets, qui feront adreffés aux Sieurs Recteurs de l'Hôtel-Dieu, & ne pourront y envoyer que les garçons, pour être panfés, traités, medicamentés & nourris ; & à caufe de ce, a été accordé,

que les Sieurs de l'Aumône feront tenus de payer aux
Sieurs de l'Hôtel-Dieu pour chacun defdits Garçons,
la fomme de dix livres, & lefquels étant guéris leur feront
renvoyés & les recevront dans la Charité ; & au cas qu'aucun defdits Garçons vînt à décéder un mois après leur
réception dans l'Hôtel-Dieu , en ce cas ne laifferont les
Sieurs de l'Aumône de payer lefdites dix livres pour
chacun des décédés ; comme auffi s'ils viennent à mourir avant que le mois fût expiré, ils ne payeront aucune
chofe ; & pour les Biens qui fe trouveront appartenir à
ceux qui feront décédés , les Sieurs de l'Aumône auront
droit de les retenir comme leur appartenants ; & avenant
que les Teigneux & Rachets qui auront été guéris &
renvoyés dans la Charité , vinffent à reprendre ladite
Teigne ou Rache dans la maifon de la Charité , cela
étant ils feront renvoyés dans l'Hôtel - Dieu , & pour
raifon de ce , ne fe payera aucune chofe.

V.

Et pour les Filles qui fe trouveront avoir Teigne ou
Rache venant de la Charité , feront reçues à l'Hôtel-
Dieu pour y être panfées & médicamentées feulement
fuivant les Billets des Sieurs de l'Aumône , adreffés aux
Sieurs dudit Hôtel - Dieu ; & après qu'elles auront été
panfées , feront à l'inftant renvoyées à l'Hôpital de la
Charité , où elles feront reçues pour y être nourries &
logées comme auparavant pour plus grande confervation
de leur fexe.

V I.

Et pour raifon des Enfants de mamelle qui ont pere & mere, nés dans la Ville , & que par accident il arrivât que la mere vînt à déceder ou à perdre fon lait, l'enfant étant à fa mamelle , & le pere de l'Enfant n'ayant moyen de le faire nourrir ; Sur cette difficulté on a trouvé à propos, vu pareil accident arrivé ci-devant , qu'à l'avenir les Sieurs de l'Hôtel-Dieu fe chargeront de faire nourrir ou parachever de nourrir lefdits enfants jufqu'à ce qu'ils aient atteint l'âge de trois ans ; où étant parvenus, lefdits Enfants feront remis à Meffieurs de l'Aumône générale , qui les recevront & retireront dans l'Hôpital de la Charité, & auront foin de leur éducation , & leur fera donné le nom de leurs peres & meres , & lieu de leur demeure, & du jour que lefdits Sieurs Recteurs de l'Hôtel-Dieu auront fait la réception defdits Enfants ; & arrivant que les peres defdits Enfants fuffent décédés, & leurs meres chargées, en ce cas lefdits Sieurs Recteurs de l'Hôtel-Dieu auront foin de faire nourrir lefdits Enfants jufqu'à l'âge de trois ans ; lefquels expirés, lefdits Sieurs de l'Aumône générale s'en chargeront pour les élever.

V I I.

Et d'autant qu'il arrive affez fouvent qu'une mere d'une même portée fait plus d'un Enfant, le cas arrivant,

& qu'elle n'eût moyen de les alaiter , ni faire alaiter , pour
lors les Sieurs de l'Hôtel - Dieu feront auffi tenus de faire
nourrir lefdits Enfants jufqu'à l'âge de trois ans ; où étant
parvenus, feront de même remis à Meffieurs de l'Aumône
générale, pour en avoir du foin & les élever.

V I I I.

SUR les difficultés avenues depuis quelque- temps entre
les Sieurs Recteurs de l'Aumône générale & de l'Hôtel-
Dieu, touchant les médicaments néceffaires pour les malades qui peuvent être dans l'Hôpital de la Charité: A été
accordé & arrêté par les Sieurs Députés, que dorénavant
lefdits Sieurs de l'Hôtel-Dieu feront tenus de fournir tous
les remedes & médicaments néceffaires pour les malades
de l'Hôpital de la Charité , & pour les compofitions ,
font auffi demeurés d'accord qu'il fera fourni & délivré
tous les ans quatre livres de Tériaque & deux livres de
Confection Hyacinthe , & font priés les Sieurs de l'Aumône , que au cas qu'ils n'en euffent de befoin , de fe ref-
treindre , & d'avoir foin qu'il ne fe faffe aucun abus par
leurs Officiers de tout ce qui leur fera delivré.

I X.

POUR les Billets que les Sieurs de l'Aumône feront
aux Sieurs de l'Hôtel-Dieu , feront faits fuivant les propres termes portés par les précedents Réglements.

X.

Et pour raison des deniers que lesdits Sieurs de l'Aumône générale se sont réservés, sous prétexte de se vouloir rembourser des frais & dépens par eux faits pour faire panser les Teigneux ou Rachets, que pour les médicaments qu'ils auroient achetés pour secourir leurs malades, sur le refus que MM. les Recteurs leur en ont fait de leur en délivrer, les sûnommés Recteurs & Députés sont demeurés d'accord, que pour la dépense que MM. de l'Aumône ont fait au sujet des Rachets ou Teigneux, ils en donneront bon & fidele compte, & ce à quoi ladite dépense montera, les Sieurs Recteurs de l'Hôtel-Dieu le leur feront bon; & pour les médicaments & remedes que MM. de l'Aumône ont acheté, ils demeureront pour leur compte, sans que les Sieurs de l'Hôtel-Dieu leur en fassent bon aucune chose; & moyennant ce, lesdits Sieurs de l'Aumône seront tenus de leur rendre & remettre à leur premiere demande, tous les deniers qu'ils s'étoient réservés, appartenants à l'Hôtel-Dieu, provenants du droit qu'ils ont sur la grande entrée du vin en cette Ville.

Tous lesquels Articles & Statuts ci-dessus accordés seront effectués & entretenus, tant par lesdits Sieurs de l'Hôtel-Dieu que de l'Aumône générale, chacun en ce qui les concerne, sans y contrevenir en façon & maniere que ce soit, directement ni indirectement, pour avoir été par Nous députés fufdits , conclus & arrêtés enfuite du pouvoir à Nous donné , le tout fans préjudice des autres Articles arrêtés par les anciens Réglements, auxquels ceux qui font contenus en ces préfentes n'ont dérogé ; & s'en trouvant quelques-uns que l'ont ait reformé , ils feront executés fuivant & à la forme de ceux qui font contenus en ces préfents Réglements. En foi de quoi ont figné ces préfentes , dont plufieurs copies ont été faites , pour être gardées dans les Archives de l'Hôtel-Dieu, & de l'Aumône générale, pour y avoir recours en temps & lieu, & quand l'occafion le requerra. A Lyon ce troifieme Janvier mil fix cent trente-neuf. *Signé,* Rouviere, Decouleur, de la Forêts, Gafpard, Savaron, Turrin, Bronod, Cazot.

Sur les différents furvenus entre les Sieurs Recteurs de l'Hôtel-Dieu & de l'Aumône générale de cette Ville,& les Sieurs Commiffaires de la Santé de cette Ville; defquels différents Monfeigneur le Cardinal de Lyon étant averti, auroit fait fçavoir auxdits trois Corps de fe rendre à fon Hôtel, le mardi dernier jour du mois d'Août mil fix cent trente-huit, fur les fept à huit heures du matin ; auquel commandement defirant fatisfaire, les fufdits Corps ne manquerent de fe trouver au logis de mondit Seigneur le Cardinal, ledit jour dernier d'Août, fur les huit heures du matin , où étoient de la part de MM. de l'Aumône générale, Mr. le Comte de Saconey, Mr. Garnier Avocat, & Mr. Turin ; & de la part de MM. les Commiffaires de la Santé , Mr. le Confeiller Cognain , & de celle de MM. de l'Hôtel-Dieu, les Sieurs Decouleur & Baffet.

L'ouverture

L'Ouverture de cette conférence fut faite par Monseigneur le Cardinal en préfence de M. le Prévôt des Marchands, M. le Confeiller Defilvecane & autres, où il repréfenta que fur la mifere publique qui fe trouvoit à préfent dans la Ville, la calamité qu'apportoit la maladie contagieufe & mal que la méfintelligence qui étoit entre les fufdits trois Corps pourroit caufer à toute la Ville ; à quoi il étoit très-néceffaire de remédier, & à chacun defdits Corps d'y contribuer de tout leur pouvoir, dont il les exhorta à ne s'arrêter fur de petites difficultés & vétilles qui ne méritent d'être agitées.

Sur quoi M. le Prévôt des Marchands ayant rapporté qu'il étoit expédient donner ordre fur beaucoup d'affaires par lui déduites & repréfentées, & les fentiments prins de ceux qu'étoient préfents.

Fut arrêté après plufieurs raifons déduites de part & d'autre.

I.

Que Meffieurs les Recteurs de l'Aumône générale feroient tenus de recevoir les pauvres Femmes & Filles qui vont à l'Hôtel-Dieu pour y faire leurs couches, après qu'elles feront relevées, enfemble leurs enfants, pour éviter & empêcher le mal qui s'en peut enfuivre, foit pour l'expofition de leurs enfants, foit pour les garder de faire mal, & éviter le mal vénérien, & que celles qui auront des retraites, leur fera baillé par lefdits Sieurs de l'Aumône du pain & de l'argent, comme ils jugeront néceffaire ;

& les étrangeres qui n'ont demeuré le temps ordonné en cette Ville pour être renfermées dans la Charité, lesdits Sieurs de l'Aumône générale seront aussi tenus leur donner ce qu'ils trouveront à propos pour les renvoyer en leur pays.

I I.

QUE les Enfants qui sont de l'âge de sept ans & au-dessus, dont Messieurs de la Santé sont chargés dans la Quarantaine, lesdits Sieurs de l'Aumône procureront de trouver lieu pour les mettre, & s'en chargeront, de même des grandes Filles, & autres qui n'ont domicile dans la Ville.

I I I.

QUE les Sieurs Commissaires de la Santé seront tenus de recevoir les pestiférés qui leur seront envoyés par les Sieurs Recteurs de l'Hôtel-Dieu, & aussi les Quarantains n'ayant aucun mal.

I V.

LES Sieurs Recteurs de l'Hôtel-Dieu recevront les Enfants qui sont au dessous l'âge de sept ans, tant de mamelle qu'autres, & aussi les Fébricitants qui sont dans la Quarantaine, avec ceux qui ont le flux de sang, & à cet effet leur prépareront des lieux convenables.

V.

POUR le fait de ceux qui ont le flux de fang dans faint Laurent, où font les Peftiférés, les Sieurs Commiffaires de la Santé auront foin de les faire médicamenter.

Tous lefquels Articles ont été arrêtés en préfence de Monfeigneur le Cardinal, dans fon Hôtel, le Mardi matin dernier jour d'Août mil fix cent trente-huit; que nous fouffignés promettons effectuer ainfi qu'ils font écrits ci-deffus, toutefois fans préjudicier aux autres Réglements ci-devant faits entre lefdits Sieurs Recteurs de l'Aumône générale & lefdits Sieurs Recteurs dudit Hôtel-Dieu.

Z ij

AUTRE REGLEMENT.

Du vingt - cinquieme Mai , mil six cent quarante-quatre.

LEſdits Sieurs Recteurs de l'Hôtel-Dieu & Aumône générale , deſirant terminer les différents entr'eux ſurvenus touchant l'ordre de demander , recevoir & reconnoître les médicaments & remedes que leſdits Sieurs de l'Hôtel-Dieu doivent fournir pour les pauvres malades renfermés dans ladite Charité ; éviter les conteſtes entre les Matrônes de l'Hôtel-Dieu & de ladite Charité ſur le ſujet des Femmes groſſes d'enfant, leſquelles de la Charité doivent être envoyées à l'Hôtel-Dieu pour faire leurs couches , étant entrées dans le neuvieme mois de leur groſſeſſe ; comme auſſi des Billets qui ſeront envoyés par leſdits Sieurs Recteurs de l'Hôtel-Dieu aux Sieurs Recteurs de l'Aumône générale pour faire recevoir les Filles débauchées qu'ils auront fait guérir du mal vénérien, ou celles auxquelles ils auront fait faire leurs couches , ſoit qu'elles aient été envoyées de la Charité , ou autrement, & autres demandes concernant l'entrée du vin & les maiſons par indivis entre leſdits Hôpitaux , après pluſieurs conférences ; & n'étant iceux Sieurs Recteurs pu demeurer d'accord , auroit été réſolu de part & d'autre de nommer & convenir des Députés de chacun de leurs Corps pour réfoudre & terminer toutes les difficultés qui de part & d'autre feroient propofées ; & à ces fins lefdits Sieurs de l'Aumône générale auroient nommé de leur part , Noble Hyerôme de Cotton Exconful, Sieur Jacques Bruyas, Amant Dalichous, Pierre Pecoil , Bourgeois, & tous Recteurs de ladite Aumône générale , auxquels par Acte fait le huit Mai de la préfente année, *Signé* FAVARD, ils ont donné pouvoir de traiter & accorder de tous les différents qui peuvent être entre lefdits deux Hôpitaux.

ET de la part des Sieurs Recteurs de l'Hôtel-Dieu du Pont du Rhône auroient été nommés Noble Dominique Pecoul Exconful , Secretaire de Monfeigneur le Duc d'Orléans , Sieurs Pierre de Vaiffiere , Antoine Bellet , Gafpard Chevalier , Bourgeois , & tous Recteurs dudit Hôtel-Dieu , ayant même pouvoir d'accorder de tous lefdits différents , fuivant l'Acte dudit Hôtel-Dieu, du troifieme Mars de la préfente année. *Signé* GAJAN.

Enfuite de quoi , & du pouvoir à eux donné , lefdits Députés de part & d'autre fe feroient affemblés , & font demeurés d'accord des articles fuivants.

I.

LES Sieurs Recteurs de l'Aumône générale defirant avoir des médicaments pour le fervice des malades étant dans la Charité, envoyeront les jours de Mardi ou Samedi , au Sieur Recteur de l'Hôtel-Dieu ayant la charge de la Pharmacie , l'Ordonnance defdits médicaments , fignée

par leur Médecin, avec leur demande au bas d'icelle, à
la maniere ci-devant pratiquée, & le lendemain heure du
Bureau dudit Hôtel-Dieu, le Chirurgien de la Charité s'y
tranſportera pour recevoir les médicaments contenus en
ladite Ordonnance, & en fera ſon reçu au bas d'icelle ;
de laquelle ordonnance ledit Chirurgien apportera copie,
ſur laquelle le Recteur dudit Hôtel-Dieu mettra le delivré
deſdits médicaments au bas de ladite copie, laquelle ſera
par ledit Chirurgien rapportée au Sieur Recteur de la Charité ayant charge de la Chirurgie, pour lui ſervir à reconnoître la délivrance faite deſdits médicaments.

I I.

SUR les conteſtations ci-devant arrivées entre les
mentionnés de l'Hôtel-Dieu & de la Charité, au ſujet
des Femmes & Filles groſſes d'enfant, qui ſont envoyées
de la Charité audit Hôtel-Dieu pour faire leurs couches,
& leſquelles, ſuivant les Réglements, ne doivent être
reçues audit Hôtel-Dieu, que le huitieme mois de leur
groſſeſſe ne ſoit expiré ; pour obvier auxdites conteſtations qui peuvent arriver à l'avenir pour un mois quelquefois par inadvertance ou autrement, leſdites Femmes
pourroient être envoyées avant ledit temps du Réglement : A été arrêté que pareille difficulté ſurvenant,
après le rapport fait par la Matrône dudit Hôtel-Dieu,
elles ſeront reçues à condition que ſi elles enfantent après
avoir demeuré trente jours audit Hôtel-Dieu, les Sieurs

Recteurs de la Charité payeront depuis le trentieme jour échu , jufques au jour de l'enfantement , à raifon de cinq fols par jour pour chacune defdites Femmes , & les comptes pour ce regard feront foudés & payés à la fin des mois de Juin & de Décembre de chaque année.

I I I.

Pour les Filles débauchées qui ont fait leurs couches à l'Hôtel-Dieu , ou qui ont été traitées du mal vénérien , & lefquelles fuivant les Réglements de l'année mil fix cent trente-neuf doivent être reçues à la Charité , a été convenu que les Billets pour les y envoyer feront écrits par les Sieurs Recteurs de l'Hôtel-Dieu , comme il eft marqué ci-après , & ne feront lefdites Filles envoyées à la Charité , finon aux jours de Bureau de ladite Charité.

BILLETS pour les Filles débauchées , guéries du mal vénérien , ou qui ont fait leurs Couches à l'Hôtel-Dieu.

M ESSIEURS , Nous vous prions recevoir N. fille débauchée, que nous avons fait guérir du mal vénérien , laquelle , fuivant les Réglements , nous vous envoyons. Fait au Bureau.

2. *M ESSIEURS , Nous vous prions recevoir N. fille débauchée, avec fon Enfant , dont elle eft accouchée à l'Hôtel - Dieu , lefquels , fuivant les Réglements , nous vous envoyons. Fait au Bureau.* Et fi l'Enfant eft mort, le faudra fpécifier par le Billet.

BILLETS pour les Filles qui auront été envoyées de la Charité
à l'Hôtel-Dieu.

M*ESSIEURS*, *Nous vous envoyons N. laquelle suivant*
votre Billet du   *nous avons fait guérir du mal vénérien.*
Fait au Bureau.

2. M*ESSIEURS*, *Nous vous envoyons N. avec son Enfant,*
(s'il n'est décédé, & s'il est décédé, le noter sur le Billet) *laquelle*
a fait couche en l'Hôtel-Dieu, suivant votre Billet du
Fait au Bureau.

I V.

Au regard des maisons indivises entre lesdits Hôpitaux
de l'Hôtel-Dieu & de la Charité a été convenu que les
Recteurs ayant la charge des Bâtiments desdits Hôpitaux
ne pourront faire faire aucunes réparations aux susdites
maisons sans le sçu & consentement par écrit l'un de
l'autre, à peine de supporter toute la dépense par celui
qui se trouvera avoir contrevenu, & sans aucune répétition.

V.

Et d'autant que les Sieurs Recteurs de la Charité
perçoivent le droit qui est à l'Hôtel - Dieu sur l'entrée
du

du vin; A été accordé qu'ils ordonneront à leurs Commis de ladite entrée du vin, de porter aux Sieurs Recteurs de l'Hôtel-Dieu, de six en six mois, un controlle de ladite entrée, par eux signé ; comme aussi que lesdits Sieurs Recteurs de la Charité donneront compte & payeront à la fin de Juin & Décembre de chacune année ce qu'ils auront reçu des deniers de ladite entrée, appartenant audit Hôtel-Dieu.

<h2 style="text-align:center">V I.</h2>

EXPLIQUANT & modifiant les Articles sixieme & septieme des Réglements faits en l'année mil six cent trente-neuf, au regard des Enfants nés dans la Ville, ayant pere & mere, ou l'un des deux, & lesquels Enfants ayant atteint l'âge de trois années complettes, doivent être remis à la Charité. A été arrêté, que si desdits Enfants qui ont pere & mere, ou l'un des deux, il s'en rencontre que leursdits pere & mere ne soient dans la Ville, en ce cas les Sieurs Recteurs de l'Hôtel-Dieu garderont les susdits Enfants jusqu'à l'âge de sept années, si tant est que leursdits pere & mere pendant ledit temps soient absents de la Ville, & non autrement; & lorsque lesd. Sieurs de l'Hôtel-Dieu indiqueront dans la Ville auxdits Sieurs Recteurs de la Charité les pere & mere, ou l'un des deux desdits Enfants qu'ils auront audit Hôtel-Dieu, & qui auront trois années complettes, lesdits Sieurs Recteurs de la Charité recevront lesdits Enfants pour en disposer comme ils verront bon être.

A a

Tous lesquels Articles & Statuts ci-dessus ont été par Nous députés susdits conclus & arrêtés suivant nosdits pouvoirs, pour être entretenus, sans y contrevenir, & sans déroger aux précedents Réglements, à l'exception des modifications susdites , qui seront observées suivant la teneur des présentes, dont a été fait deux doubles, que Nous avons signés & de part & d'autre, retirés pour y avoir recours. A Lyon , le vingt-cinquieme Mai mil six cent quarante-quatre.

AUTRE REGLEMENT.

Du vingt-huit Janvier mil six cent quatre-vingt dix-sept.

SUR les différents survenus entre les Recteurs & Administrateurs des deux Hôpitaux de cette Ville, au sujet de quelques Enfants au dessous de l'âge de sept ans, refusés par les Recteurs de l'Hôpital de l'Aumône générale, comme n'étant obligés par leurs Réglements de recevoir que les Enfants qui ont pleinement atteint l'âge de sept ans, à quoi les Recteurs du Grand Hôtel-Dieu du Pont du Rhône opposoient que les Réglements portent à la vérité, que les Enfants ne seroient remis aux Recteurs de l'Aumône générale qu'à l'âge de sept ans, mais qu'ils leur laisseroient la liberté de les y conduire dès qu'ils seront parvenus audit âge, & que si par un usage observé jusques à présent, les Recteurs de l'Hôtel-Dieu n'avoient envoyé leurs Enfants dans ledit Hôpital de l'Aumône générale qu'une fois l'année, l'on ne pouvoit tirer aucun avantage de cet usage, qui n'avoit été introduit que pour la commodité des deux Hôpitaux, & pour celle desdits Enfants, parmi lesquels il s'en trouvoit plusieurs au dessous de l'âge de sept ans ; que les Recteurs de l'Aumône générale ne faisoient pas difficulté de recevoir, pour faire une compensation de ceux qui étoient au dessus dudit âge.

A a ij

Toutes lesquelles raisons, & plusieurs autres, avancées de part & d'autre, ayant été proposées à Monseigneur le Duc de Villeroy, Pair & Maréchal de France, Commandeur des Ordres du Roi, Capitaine de la premiere & plus ancienne Compagnie des Gardes de son Corps, Général de ses Armées en Flandre, & Gouverneur de la Ville de Lyon, Provinces de Lyonnois, Forez & Beaujolois, par les Sieurs Députés des deux Hôpitaux, Monseigneur a réglé qu'à l'avenir les Recteurs de l'Hôtel-Dieu ne feront conduire dans l'Hôpital de l'Aumône générale les Enfants exposés ou adoptifs qu'une fois l'année, & le premier Dimanche après celui de Quasimodo, comme ils ont fait par le passé; auquel jour les Recteurs de ladite Aumône générale seront obligés de recevoir tous les Enfants qui auront atteint l'âge de six ans & sept mois complets, ceux au dessous dudit âge restant audit Hôtel-Dieu jusques à l'année suivante, sans que les Recteurs de l'Hôtel-Dieu puissent sous ce prétexte refuser d'adopter les Enfants qui se présenteront, âgés de six ans & sept mois, ou au dessus jusques à sept ans, ou les envoyer à l'Aumône générale que dans le temps & le jour accoutumé; ce que lesdits Sieurs Députés, aux noms des Recteurs desdits deux Hôpitaux, ont promis d'exécuter, dont a été fait le présent Acte, *Signé* par Monditseigneur, & par lesdits Sieurs Députés. A Lyon, en l'Hôtel de Monditseigneur le Maréchal Duc de Villeroy, le vingt-huit Janvier, mil six cent quatre-vingt dix-sept.

Signé, VILLEROY, Boesse, Paire, Ranvier, J. Fayard.

LETTRES PATENTES

EN FORME D'EDIT,

PORTANT confirmation des anciens Privileges du Grand Hôpital & Hôtel-Dieu de la Ville de Lyon, & augmentation d'iceux.

LOUIS, PAR LA GRACE DE DIEU, ROI DE FRANCE ET DE NAVARRE : A tous préfents & avenir : SALUT. Les Hôpitaux de notre Royaume étant d'une néceffité abfolue pour le foulagement de nos Sujets, il eft de notre devoir & de notre charité de leur donner une protection finguliere, fur - tout à l'Hôpital général ou grand Hôpital de Nôtre - Dame de Pitié du Pont du Rhône de notre bonne Ville de Lyon , appellé l'Hôtel-Dieu, fondé par les Rois nos prédéceffeurs, & le plus ancien des Hôpitaux de France, où non - feulement les Pauvres Malades de nos Provinces & toutes fortes d'Enfants expofés trouvent un afyle affuré; mais où font encore reçu les Pauvres de toutes les Nations du monde, & qui a fourni dans tous les temps des fecours fi efficaces aux Soldats bleffés des armées d'Italie & de Catalogne, jufques-là qu'il a été reconnu qu'on y avoit reçu pendant les dernieres guerres près de vingt-cinq mille Soldats malades. Les avantages infinis que retire le Public d'un fi célebre Hôpital, avoient obligé le feu Roi, de glorieufe memoire, notre très-honoré Seigneur & Bifaïeul, en s'en déclarant le Confervateur & le Protecteur, de le confirmer par fes Lettres - Patentes du mois de Décembre mil fix cent quatre-vingt dix-huit dans tous fes anciens Privileges, & de lui en attribuer encore de nouveaux, proportionnés à fes befoins, qui augmentent chaque jour & qui font infiniment multipliés par le malheur des temps, ainfi que nous en avons été informés par les remontrances des Directeurs & Adminiftrateurs dudit Hôpital, lefquels nous ont en outre porté leurs plaintes fur les difficultés continuelles que font naître les prépofés à la levée des Péages, Octrois & autres Droits impofés en faveur des Etats de la Province de Bourgogne ou de quelques Seigneurs particuliers, fur les Marchandifes, Provifions & Denrées qui fe voiturent foit par Terre ou par Eau & dans toute l'étendue des Rivieres de la Saône & du Rhône, lefquelles difficultés ont jufqu'ici rendu comme inutiles les Privileges dudit Hôpital, & éludé les bonnes intentions de notre très-honoré Seigneur & Biſaïeul , qui avoit préciſément marqué par ſes Lettres-Patentes du mois de Décembre mil ſix cent quatre-vingt dix-huit qu'il entendoit & vouloit que ledit Hôpital jouît des mêmes Priviléges dont jouiſſent la plus grande partie des Hôpitaux de notre Royaume, & particuliérement ceux de notre bonne Ville de Paris & celui de l'Aumône générale de Lyon , leſquels ont toujours joui paiſiblement de toutes ſortes d'exemptions. Les Recteurs & Adminiſtrateurs Nous ont encore très-humblement repréſenté que la miſere & les néceſſités publiques , en arrêtant le cours ordinaire des Charités & des Aumônes particulieres, rempliſſent de Pauvres ledit Hôpital , en augmentent conſidérablement la dépenſe, & en diminuent à proportion les Revenus, de maniere que cette Maiſon qui ne ſubſiſte depuis long-temps que par les groſſes avances des Adminiſtrateurs , & qui dépenſe depuis cinq ou ſix ans chaque année, près de deux cent mille livres au delà de ſes revenus, tombera à la fin , ſi on n'apporte un prompt remede à un mal qui empire tous les jours, & qui eſt cauſe qu'on ne trouve plus qu'avec des peines infinies des gens qui veuillent ſe charger de l'Adminiſtration dudit Hôpital; qu'il eſt même à craindre qu'on n'en trouve plus à l'avenir; qu'il y auroit pourtant deux moyens pour le rétablir , dont l'un ſeroit d'exciter les Citoyens de notre Ville de Lyon à ſe charger du ſoin dudit Hôpital, en leur accordant quelques Privileges ſpécieux , dont la durée n'excederoit pas celle de leu

administration, & l'autre de faciliter aux Pauvres la vente
de plusieurs Immeubles , soit à la Ville ou à la Campagne, qui leur sont à charge pour être trop éloignés, ou
parce que les revenus de la plûpart de ces Héritages peuvent à peine suffire à les entretenir de réparations nécessaires, & lesquels on ne laisseroit pas de vendre avanta-
geusement si les Acquéreurs ne craignoient d'être recher-
chés pour le droit du huitieme ou sixieme denier , auquel sont sujets les Biens aliénés des Hôpitaux ; que ce
seroit encore un soulagement pour les Pauvres, si Nous
voulions les faire jouir de l'ancien franc-salé , que les
Rois nos prédécesseurs leur ont accordé, & le leur faire
délivrer en essence , sans payer aucun droit, soit pour
augmentation ou autrement, sous quelques prétextes que
soit : A CES CAUSES, après avoir fait examiner en notre
Conseil les Edits & Déclarations accordés audit Hôpital
par les Rois nos prédécesseurs , notamment les Lettres
Patentes de François I. du vingt-cinq Février mil cinq
cent trente , confirmées, avec une augmentation par celles
du mois de Décembre mil six cent quatre-vingt dix-huit,
du feu Roy , notre très-honoré Seigneur & Bisaïeul , &
par l'Arrêt de son Conseil du vingt-sept Avril mil sept
cent , de l'avis de notre très-cher & très-amé oncle le
Duc d'Orléans , Régent, & de notre très-cher & très-
amé Cousin le Duc de Bourbon, & de notre très-cher
& très-amé Oncle le Duc du Maine, de notre très-cher &
très-amé Oncle le Comte de Toulouse, & autres Grands &
Notables Personnages de notre Royaume, & de notre
certaine

certaine science, pleine puiſſance & autorité Royale, avons par ſes préſentes, ſignées de notre main, confirmé & confirmons audit Grand-Hôpital ou Grand Hôtel-Dieu de Lyon, tous les Droits, Privileges, Franchiſes, Libertés & Immunités que les Rois nos Prédéceſſeurs lui ont accordés, maintenu & maintenons les Recteurs & Adminiſtrateurs d'icelui, en la forme & uſage de leur Adminiſtration, & deſirant augmenter leſdits Droits & Privileges, les expliquer & interpréter, en tant que de beſoin ſeroit, Nous avons ſtatué & ordonné, voulons & nous plait.

Confirma-
tion des an-
ciens Privi-
leges.

ARTICLE PREMIER.

Etre à l'exemple de notre très - honoré Seigneur & Biſaïeul le feu Roi Louis XIV. de glorieuſe mémoire, Conſervateur & Protecteur dudit Hôpital, & lieux qui en dépendent, comme étant de Fondation Royale, & qu'il ne dépende aucunement de notre grand Aumônier, ni d'aucuns de nos Officiers, mais qu'il ſoit abſolument exempt de la ſupériorité, viſite & Juriſdiction des Officiers de la générale Réformation, & auſſi de la grande Aumônerie, & de tous autres, auxquels Nous interdiſons toute connoiſſance & Juriſdiction.

I I.

Permettons aux Directeurs & Adminiſtrateurs dudit Hôpital, de recevoir tous Dons, Legs & gratifications, à titre particulier ou univerſel, ſoit par Teſtaments,

Bb

Donations entre vifs ou à caufe de mort , ou par quelque autre Acte que ce foit , & d'en faire les acceptations,
recouvrements & pourfuites néceffaires.

I I I.

DECLARONS appartenir audit Hôpital , à l'exclufion
des Collatereaux , les meubles des Incurables qui y déce-
deront , & les Biens qu'ils y auront acquis par leur travail ; & quant aux autres Biens qui pourront leur arriver
d'ailleurs , lefdits Incurables en pourront difpofer comme
bon leur femblera , en s'en réfervant néanmoins l'ufufruit, leur vie durant.

I V.

PERMETTONS auffi auxdits Adminiftrateurs d'acquérir,
échanger, vendre ou aliéner tous Héritages , tant Fiefs
que Rotures ou Franc-aleu , avec les droits de Juftice,
Jurifdictions , Cenfives ou autres , en quelque lieu ou
de quelque qualité qu'ils puiffent être , Rentes foncieres
& conftituées , acquérir de notre Domaine ou de quelques
perfonnes que ce foit , donner & difpofer de tous les Biens
meubles & immeubles dudit Hôpital , felon qu'ils jugeront
à propos pour le plus grand avantage d'icelui, en prenant
néanmoins le confentement des Prévôt des Marchands
& Echevins de la Ville de Lyon , Recteurs primitifs
dudit Hôpital , en la maniere accoutumée.

V.

Et pour faciliter la vente des Biens immeubles des Pauvres dudit Hôpital, Nous les avons déchargés & déchargeons purement & simplement, ensemble ceux qui les auront acquis desdits Administrateurs, & qui s'en trouveront propriétaires à l'avenir, de toutes recherches & taxes du huitieme & sixieme denier, & généralement de toutes autres qui pourront être imposées sous quelque titre & prétexte que ce puisse être, sur les Possesseurs des Biens aliénés par des Hôpitaux, gens d'Eglise & Communautés Ecclésiastiques & Séculieres, comme aussi des Droits de Lods & Ventes, & autres Droits Seigneuriaux à Nous dus à cause desdites Ventes, pour raison des Fonds, Maisons, Terres & Héritages qui peuvent être dans notre Censive & Mouvance, & même des Droits d'indemnité & d'amortissement à l'égard des Communautés, soit Séculieres ou Ecclésiastiques, qui pourroient acquérir lesdits Fonds & Maisons ; de tous lesquels Droits Nous avons fait don audit Hôpital de Lyon, sans pouvoir donner atteinte à la disposition du présent article, quoiqu'il fut porté par les Edits & Déclarations, que les Droits de huitieme & sixieme denier seroient payés par les privilégiés & non privilégiés, exempts & non exempts, à quoi pour ce regard nous avons dérogé & dérogeons en faveur dudit Hôpital, & de ceux qui acquerront dans la suite des Immeubles, soit à la Ville, ou à la Campagne, dépendants dudit Hôpital.

Exemption du 6. & 8. denier.

Bb ij

V I.

E NJOIGNONS aux Greffiers de toutes les Justices &
Jurisdictions ordinaires & extraordinaires , royales &
autres , d'envoyer au Bureau les Extraits des Jugements,
Sentences & autres où il y aura adjudication d'amende
ou Aumône , ou quelque application au profit dudit
Hôpital ou des Pauvres , & de les délivrer gratuitement,
à peine d'en répondre par les refusants ou négligeants, en
leurs propres & privés noms , & de tous dépens , domm-
mages & intérêts. Les Notaires & autres qui auront reçu
des Testaments & autres Actes où il y aura des Legs, en
envoyeront pareillement des Extraits au Bureau , sous
pareille peines , après l'ouverture desdits Testaments &
Actes.

V I I.

P OURRONT les Prêtres qui seront commis audit Hôpital,
recevoir les Testaments des Pauvres malades, Incurables,
Serviteurs & Domestiques , en y observant néanmoins
les formalités ordinaires.

V I I I.

D E'FENDONS à tous Notaires, Huissiers & Sergens de
signifier aucuns Actes ou faire aucuns Exploits concernant
ledit Hôpital, ailleurs qu'au Bureau d'icelui, avec défenses
de les faire aux Administrateurs en particulier , ni en leurs
maisons , à peine de nullité.

IX.

DE'FENDONS à tous Salpêtriers d'entrer dans les maifons, Fermes & Lieux dudit Hôpital, pour y chercher du Salpêtre, fans une permiffion expreffe defdits Adminiftrateurs, à peine de punition corporelle.

X.

CONFIRMONS aux Recteurs & Adminiftrateurs dudit Hôpital leur ufage d'adopter les Enfants orphelins des Pauvres Habitants de ladite ville, jufqu'à l'âge de fept ans : Voulons que ledit ufage foit fuivi & obfervé, & qu'ils aient fur lefdits Enfants adoptifs tous les Droits & Effets de la puiffance paternelle. Les maintenons dans le droit d'ufufruit au profit dudit Hôpital pendant qu'ils feront fous leur charge & adminiftration, comme auffi du droit de fuccéder par ledit Hôpital auxdits adoptifs à défaut de Freres ou Sœurs, & même à l'exclufion des Freres & Sœurs qui en majorité auroient abandonné ou laiffé recevoir lefdits Adoptifs par les Adminiftrateurs : Voulons en outre qu'au cas que lefdits Adoptifs aient des Freres & des Sœurs, ledit Hôpital leur fuccede pour la part & portion d'un Frere ou Sœur feulement, & venant lefdits Adoptifs à décéder après ladite adminiftration finie, fans avoir Enfants, Freres ni Sœurs, & fans tefter, que ledit Hôpital leur fuccede pour la part & portion d'un des Héritiers feulement, & privativement à tous autres Parens.

X I.

ET ou lors des adoptions , ceux qui auront repréfenté les adoptifs , fe trouveront avoir celé par intelligence ou autrement, qu'ils euffent des Parents capables de leur éducation ou adminiftration , voulons qu'il foit pourvu à la décharge dudit Hôpital & defdits Recteurs , ainfi qu'il appartiendra fuivant les circonftances & exigences des cas , par notre Sénéchal de Lyon , ou fon Lieutenant.

XII.

PERMETTONS aux Adminiftrateurs d'avoir tel nombre d'Archers , Sergens , Bedeaux ou autres perfonnes de leur maifon qu'ils trouveront à propos d'élire, lefquels auront pouvoir de porter épées & hallebardes.

XIII.

POURRONT faire les étrouffes & adjudications au rabais de la fourniture de la viande néceffaire à ladite maifon : Permettons auxdits Adminiftrateurs de faire lefdites étrouffes à la chandelle étcinte fuivant l'ufage:

XIV.

MAINTENONS les Recteurs & Adminiftrateurs dans

l'ufage de faire procéder par leurs Officiers aux Inventaires & Ventes des Meubles des Adoptifs, & de ceux auxquels l'Hôpital fuccedera, même de vendre audit cas les Immeubles defdits Adoptifs, après le rapport de deux Experts nommés par notre Sénéchal de Lyon, deux Publications faites fur les Lieux, & trois à l'Audience de la Sénéchauffée de Lyon, le prix defdits Meubles & Immeubles remis à qui il appartiendra après l'adminiftration finie, fuivant le compte qui en fera donné; contre lequel, & ce qui aura été fait, perfonne ne pourra revenir, fi ce n'eft par erreur de calcul.

XV.

DONNONS & attribuons auxdits Recteurs tout pouvoir & autorité de direction, adminiftration, connoiffance, Jurifdiction, Police, & ce par forme de correction & châtiment, feulement fur les Pauvres qui font dans ledit Hôpital: permis à eux à cet effet d'avoir Poteaux, Carcans & Prifons. Si néanmoins lefdits Pauvres commettent des crimes qui méritent peine afflictive, ils feront remis au Lieutenant Criminel pour leur être fait leur Procès : enjoint au Subftitut du Procureur Général d'en faire les pourfuites.

X V I.

ET au cas que les Délits commis dans ledit Hôpital

& par les Pauvres d'icelui ne doivent faire infliger aux coupables que la peine du fouet ou du banniſſement, permettons audit cas au Lieutenant Criminel de les juger en dernier reſſort.

XVII.

Avons levé les ſurſéances portées par les Lettres d'Etat & de répit dans les affaires où l'Hôpital aura inté-rêt, & Déclarons celles qui ſont obtenues, nulles, ſuivant la Déclaration du vingt-trois Mars mil ſix cent quatre-vingt, & défenſes à tous Juges d'y avoir égard.

XVIII.

Voulons & entendons que pour la plus grande con-ſervation des Biens, Affaires, Droits, Exemptions & Privileges dudit Hôpital, tous les Procès & différents concernant icelui, tant pour les Biens, Droits, pro-priétés & Revenus, Privileges, ou Exemptions, ou Exécu-tion des préſentes, circonſtances & dépendances, en deman-dant ou défendant, & même en cas d'intervention, où ledit Hôpital ſera intéreſſé pour matiere civile ou cri-minelle, perſonnelle, réelle ou mixte, ſans exception, ſoient traitées en premiere inſtance en la Sénéchauſſée & Préſidial réunis à notre Cour des Monnoies de Lyon, & en cas d'appel au Parlement de Paris, ſans qu'ils puiſ-ſent être traduits ailleurs ni par devant autres Juges, quels

qu'ils

qu'ils foient, encore que les Parties fuffent hors l'étendue & reffort defdits Sénéchauffée & Préfidial réunis à notre Cour des Monnoies de Lyon, leur en attribuant à cet effet toute Cour, Jurifdiction & connoiffance, & en cas d'appel au Parlement de Paris, & icelles interdifons à toutes autres Cours & Juges.

X I X.

FAISONS défenfes à toutes perfonnes de quelque qualité & condition qu'elles foient, de faire aucunes pourfuites pour raifon de ce que deffus, contre lefdits Recteurs & Adminiftrateurs dudit Hôpital, ailleurs que pardevant la Sénéchauffée & Préfidial réunis à ladite Cour des Monnoies de Lyon en premiere inftance, & en cas d'appel en notre Cour de Parlement de Paris, & à tous Juges d'en prendre connoiffance, & leur enjoignons de renvoyer lefdits Procès en ladite Sénéchauffée & Préfidial réunis à ladite Cour des Monnoies de Lyon, incontinent, fans retenir aucunes des caufes où lefdits Recteurs de l'Hôpital feront parties, à peine de nullité, caffation de procédures, dépens, dommages intérêts.

X X.

ET afin que lefdits Recteurs & Adminiftrateurs ne puiffent être diftraits de leurs fervices & fonctions, voulons que pendant le temps de leur adminiftration, ils ne puiſſent être aſſignés pour quelque cauſe que ce ſoit, qu'en ladite Sénéchauſſée & Préſidial, & en cas d'appel, au Parlement de Paris, à l'exception néanmoins des affaires qui ſeront de la compétence de la Conſervation & autres Juriſdictions unies au Corps Conſulaire, & que leſdits Recteurs ſoient exempts de Tutelle & Curatelle, pourvu qu'ils ſoient nommés avant qu'elles ſoient ouvertes ; enſemble de tout guet & garde, logement de gens de guerre & généralement de toutes charges publiques.

X X I.

POUR le regard du Secretaire dudit Hôpital, comme auſſi des autres Officiers & Domeſtiques, nous leur accordons par le même motif, ainſi qu'auxdits Recteurs & Adminiſtrateurs, le Privilege de garde gardienne par devant la Sénéchauſſée & Préſidial réunis à notre Cour des Monnoies de Lyon, ſans qu'ils puiſſent être divertis ailleurs, ſoit en demandant, défendant, ou en cas d'intervention, pour quelque ſorte de matiere que ce ſoit, ſans exception, tant & ſi longuement qu'ils ſerviront audit Hôpital.

X X I I.

PERMETTONS aux Directeurs, quêtes, troncs, baſſins, grandes & petites boëtes en toutes les Egliſes, carrefours & lieux publics de la Ville, Fauxbourgs & Sénéchauſſée de Lyon, comme aussi les quêtes du linge pour les Pauvres suivant l'usage ; faisant défenses à toutes autres personnes & Communautés, sous quelque prétexte que ce soit, de quêter pendant la quête du linge.

XXIII.

CONFIRMONS les Réglements ci-devant faits par lesdits Recteurs & Administrateurs, & leurs permettons de faire à l'avenir tous Réglements de Police & Statuts non contraires à ces Présentes, pour le gouvernement & direction intérieure dudit Hôpital, soit pour l'établissement & subsistance desdits Pauvres, ou pour les mettre à leur devoir, lesquels Réglements & Statuts, nous voulons être gardés, observés & entretenus inviolablement par tous ceux qu'il appartiendra.

XXIV.

ORDONNONS que la nomination des Recteurs & Administrateurs sera faite en la maniere accoutumée, après qu'elle aura été agréée par les Prévôt des Marchands & Echevins, ainsi qu'il a été pratiqué jusqu'à present.

XXV.

CONFIRMONS les Lettres-Patentes accordées au mois d'Août mil six cent dix-huit, & Novembre mil six cent vingt : Et voulons qu'en conféquence , le Chirurgien & l'Apothicaire qui auront fervi dans notre dit Hôpital pendant fix années entieres & confécutives, puiffent après ce temps être reçus Maîtres dans la Ville, fans être fujets aux formalités portées par les Statuts & Réglements de leur Art , & qu'ils jouiffent des mêmes Privileges & prérogatives dont jouiffent les autres Maîtres de ladite Ville, en fubiffant toutes fois un examen dans ledit Hôpital, en préfence d'un Médecin , d'un Chirurgien & d'un Maître Apothicaire plus ancien , lequel examen fera fait par-devant le Prévôt des Marchands & Echevins de notre ville de Lyon & les Recteurs dudit Hôpital, pour ledit Examen & Serment fait , être reçus Maîtres.

XXVI.

ET comme nous fommes informés qu'il y a actuellement plus de deux mille Enfants expofés à la charge dudit Hôpital , & que la dépenfe que l'on y fait pour eux , abforbe feule les Revenus ordinaires de ladite Maifon, Nous ordonnons que ceux qui feront convaincus d'avoir expofé ou fait expofer des Enfants , foient punis fuivant les Ordonnances : Permettons auxdits Adminiftrateurs de faire arrêter aux portes de Lyon les Etrangers ou autres qui y introduiront des Enfants pour les expofer, faifant très-expreffes défenfes aux Commis des Portes , Ports & Paffages de ladite Ville, d'y laiffer entrer d'autres Enfants, que ceux qui feront amenés pour être rendus

aux Peres & Meres de la Ville, par les Nourriſſiers, & à
tous Bateliers & Voituriers de les introduire dans la Ville
par eau ou autrement, ni favoriſer leur entrée, à peine
d'être procédé contr'eux extraordinairement; faiſant parei-
les défenſes aux Habitants de ladite Ville de donner aſyle
aux Quaiments, Mandiants, & à tous ceux qui feront
porteurs deſdits Enfants ſous prétexte de charité ou autrement, ſous pareille peine de cinq cents livres d'amende
applicable audit Hôpital : Enjoignons au Subſtitut de notre
Procureur général de faire les pourſuites néceſſaires contre
les Expoſiteurs deſdits Enfants, & tous ceux qui aideront
& participeront à les faire expoſer.

XXVII.

VOULANT faire jouir pleinement & paiſiblement les
Pauvres dudit Hôpital Général ou Grand Hôtel-Dieu de
Lyon, des Privileges à eux accordés par les Rois nos
Prédéceſſeurs, notamment par François I. Nous avons
maintenu & gardé, maintenons & gardons ledit Hôpital dans l'exemption de tous Subſides, Impoſitions, Droits
de Douane, Traites-foraines, droits d'Entrée, tant à la
Ville qu'ailleurs, par eau & par terre, ſpécialement ſur
le Rhône & la Saône, des Ports & Paſſages, Octrois de
Ville & Province, Barrages, Ponts, Péages, Droits
d'Aides & Gabelles, mis & à mettre, Droits de Mouleurs
de Bois, Aides-Mouleurs, & de tous autres Droits &
Impoſitions, généralement quelconques, & ſans aucune

exception, quelle qu'elle foit, créés ou qui pourroient l'être dans la fuite, foit qu'ils nous appartiennent, ou qu'ils appartiennent à des Seigneurs particuliers, ou aux Etats de quelques Provinces, foit de Bourgogne ou autres de notre Royaume, à titre gratuit ou onéreux, de tous lefquels Droits, que nous voulons être ici tenus pour rappellés fpécifiquement, nous avons tout de nouveau & en tant que de befoin exempté, affranchi & déchargé, affranchiffons & déchargeons les vivres & provifions tant en Vin & Eau-de-vie, que Bleds & Légumes, qu'en Bois à brûler & à bâtir, Charbons, Foins, & autres denrées & commodités néceffaires & utiles, Drogues, Huiles, Epiceries & marchandifes généralement quelconques, qui feront portées & conduites dans ledit Hôpital pour la nourriture & entretien, fecours & affiftance des Pauvres, Officiers & Domeftiques de ladite Maifon, fur les Certificats fignés de trois Adminiftrateurs, *quoiqu'il foit porté par les Edits & Déclarations que les Droits feront payés par les privilégiés & non privilégiés, exempts & non exempts, à quoi pour ce regard, nous avons dérogé & dérogeons en faveur dudit Hôpital;* & faifons très-expreffes inhibitions & défenfes à tous Commis & prépofés à la levée defdits Droits d'en exiger aucuns dudit Hôpital, à peine de reftitution du quadruple & de tous dépens, dommages & intérêts.

XXVIII.

ORDONNONS que ledit Hôpital & les lieux en depen-

dant, tant à la Ville qu'à la Campagne, les Adminiſtrateurs & Officiers d'icelui, ſes fermiers, grangers, commis & prépoſés à la régie des biens des pauvres, ſoient
& demeurent exempts de tous droits de guet & garde,
fortifications, boues, lanternes & chandelles, canal,
fermetures de Ville, logement & paſſage de gens de
guerre, & de toutes contributions généralement quelconques pour affaires publiques ou particulieres, &
qu'ils jouiſſent de l'exemption de la taille, taillon, &
ſubſiſtances, uſtenſiles, deniers ordinaires impoſés ou à
impoſer, ſoit pour nous, ſoit pour charges de ville,
paroiſſe, ou autrement, & de toutes autres impoſitions
anciennes & nouvelles, même dans le pays où la taille
eſt réelle, pour les biens que ledit Hôpital poſſede main-
tenant francs & exempts de Tailles, & pour ceux qu'il
pourra y acquérir ci-après, & qui au temps de l'acquiſition ſe trouveront pareillement francs & exempts,
ſans que leſdits fermiers, grangers, locataires, commis
& prépoſés puiſſent être impoſés à ladite taille, pour
raiſon deſdits fonds appartenants audit Hôpital, directement ni indirectement, ſous prétexte d'induſtrie ou
autrement, ſans néanmoins que les biens qu'il acquerra
à l'avenir dans les lieux où la taille eſt réelle, qui y
ſeront ſujets, en puiſſent être exempts.

XXIX.

MAINTENONS ledit Hôpital dans l'exemption de tous

droits d'amortiſſement, franc-fiefs, nouveaux acquets, droit d'enrégiſtrement, huitieme & ſixieme denier, droit de ban & arriere-ban, pied dans l'eau & autres qui pour-roient nous appartenir : Faiſons défenſes à tous Fermiers traitants, & autres chargés du recouvrement deſdits droits, de faire aucunes contraintes, pourſuites, ni diligences pour raiſon de ce.

X X X.

VOULONS que ledit Hôpital jouiſſe pareillement de l'exemption des Décimes, Capitation, Dixieme royale, Dons-gratuits, Subventions du Clergé & autres ſembla-bles droits, & de faculté de ſe ſervir de Papier non timbré pour tous leurs Certificats, Billets, Actes & Regiſ-tres, à l'exception des Procédures de Juſtice & des Actes paſſés devant Notaires qui ſeront écrites ſur du Papier timbré.

XXXI.

CONFIRMONS les Pauvres dudit Hôpital dans l'exem-ption des Droits d'inſinuations & centieme Denier à eux accordée par Arrêt du Conſeil de notre très-honoré Seigneur & Biſaïeul du dixieme Août mil ſept-cent ſix: Voulons en outre qu'ils ſoient exempts de tous Droits de grand Sceau & petit Sceau, pour tous les Jugements, Sentences & Arrêts, & tous les Actes paſſés par devant Notaires ou de main privée, & Exploits qui ſeront faits

ou

ou rendus en faveur des Pauvres dudit Hôpital: Défendons à tous Commis, Receveurs & Prépofés à la perception defdits Droits d'en exiger aucun defdits Pauvres, à peine de concuffion ; leur ordonnons d'enrégiftrer, infinuer & fceller gratis tous les Actes, de quelque nature qu'ils foient, faits en juftice ou par Notaires ou de main privée, lorfqu'ils feront à l'avantage des Pauvres dudit Hôpital ; les affranchiffons encore de tous Droits de préfentation, foit qu'ils fe préfentent en qualité de Demandeurs, ou en qualité d'affignés & de Défendeurs : Faifons très-expreffes défenfes à tous prépofés à la perception defdits Droits d'en exiger aucun des Pauvres dudit Hôpital, à peine de concuffion & de la reftitution du quadruple.

X X X I I.

MAINTENONS pareillement les Pauvres dudit Hôpital dans le droit de Franc-falé, dont ils jouiffent actuellement, & conformément aux états arrêtés au Confeil le vingt-cinq Juin mil fix-cent cinquante-fept, fuivant lefquels il fut fait un fonds pour trente-Minots de fel en faveur dudit Hôpital ; & comme depuis ladite année mil fix-cent cinquante-fept le prix du fel a augmenté, les Receveurs de nos Greniers de Lyon ont exigé cette augmentation des Pauvres, en leur délivrant leur franc-falé, Voulons qu'à l'avenir, à commencer au premier Octobre prochain, lefdits trente Minots de fel foient délivrés audit Hôpital, francs & exempts de toutes fortes

D d

d'augmentations de droits préſents & avenir , & ſans frais de quelque nature qu'ils ſoient : Faiſons défenſes à tous Receveurs de nos Greniers , & à tous prépoſés & commis, de rien exiger, ſous quelque prétexte que ce ſoit, pour leſdits trente Minots d'ancien franc-ſalé accordés audit Hôpital , à peine de concuſſion.

XXXIII.

Avons prorogé & prorogeons la levée & perception des anciens & nouveaux Oꭈrois accordés audit Hôpital par les Lettres-patentes, du neuf Juillet mil ſix cent nonante-deux, du Feu Roi notre très-honoré Seigneur & Biſaïeul, pour neuf années entieres & conſécutives, qui commenceront au premier Janvier mil ſept-cent vingt, jour auquel finira la prorogation accordée audit Hôpital, dudit Oꭈroi, par Arrêt du Conſeil du treize Mai mil ſept-cent dix, & les Lettres-Patentes ſur icelui, du vingt-quatre Août de ladite année , & finiront leſdites neuf années au dernier Décembre mil ſept cent vingt-neuf, pendant lequel temps il ſera levé par leſdits Direꭈeurs trois ſols par ânée ſur le vin du crû de la généralité & enclos de la ville de Lyon , douze ſols ſur le vin étranger en entrant dans ladite ville & qui y ſera conſommé , & quatre ſols ſeulement par ânée de vin paſſant debout par ladite ville, pour être les deniers en provenants employés à la nourriture , entretien & traitement des Malades dudit Hôpital.

XXXIV.

ORDONNONS à nos Gouverneurs, Lieutenant Général, Sénéchal ou fon Lieutenant ou autres Officiers de nos Provinces, de tenir la main à l'exécution des préfentes.

XXXV.

SI DONNONS EN MANDEMENT à nos Amés & Féaux Confeillers, les Gens tenants notre Cour de Parlement, Chambre des Comptes, & Cour des Aides de Paris, & toutes nos autres Cours, Sénéchauffée, Préfidial réunis à notre Cour des Monnoies de Lyon, que ces préfentes ils faffent enrégiftrer, garder, obferver & entretenir felon leur forme & teneur, & faffent jouir ledit Hôpital du contenu en icelles fans troubles ni empêchement, nonobftant oppofitions ou appellations quelconques ; *dérogeons expreffement à tout ce qui pourroit être contraire à ces préfentes, & au dérogatoire des dérogatoires* : Voulons qu'aux Copies collationnées des préfentes, ou de quelques articles d'icelles, par un de nos Amés & Féaux Confeillers & Secretaires, foi foit ajoutée comme à l'Original, & qu'icelles en tout ou en partie lefdits Adminiftrateurs puiffent faire publier & afficher avec l'empreinte de nos armes par-tout où befoin fera : CAR TEL EST NOTRE PLAISIR : Et afin que ce foit chofe ferme & ftable à toujours, Nous avons fait mettre notre Scel à ces préfentes.

D d ij

Donné à Paris au mois d'Août, l'an de grace mil sept cent seize, & de notre Regne le premier. Ainsi *Signé*, LOUIS, *Et plus bas*, par le Roi, le DUC D'ORLEANS Régent présent. *Signé*, PHELYPEAUX avec grille & paraphe, & encore plus bas : Vu au Conseil, *Signé*, VILLEROY, & à côté est écrit *Visa*, *Signé*, VOISIN.

Registrées, ouï le Procureur Général du Roi, pour jouir par ledit Hôpital & Hôtel-Dieu de Lyon, les Recteurs & Administrateurs d'icelui, & leurs Successeurs, de l'effet & contenus en icelles, & être exécutées selon leur forme & teneur, suivant l'Arrêt de ce jour. A Paris, en Parlement, le neuvieme jour de Juillet mil sept cent dix-sept. Signé, GILBERT.

Registrées en la Chambre des Comptes, ouï le Procureur Général du Roi pour jouir par les Impetrants de l'effet & contenus en icelles selon leur forme & teneur, suivant l'Arrêt de ce jour. Fait le trentieme Août, mil sept cent dix-sept. Signé, NOBLET, & Controllé.

Registrées en la Cour des Aides, ouï le Procureur Général du Roi, pour être executées selon leur forme & teneur, & jouir par les Impetrants de l'effet y contenu, & aux charges y portées. A Paris, le onzieme de Septembre, mil sept cent dix-sept. Signé, ROBERT.

E X T R A I T

DES REGISTRES DU CONSEIL
de Son Alteſſe Royale, Monſeigneur le Duc d'Orléans, Régent du Royaume.

SUR la Requête préſentée à SON. ALTESSE ROYALE en ſon Conſeil, par les Sieurs Recteurs & Adminiſtrateurs du grand Hôpital & Hôtel-Dieu de la Ville de Lyon, deſtiné à recevoir les pauvres Malades tant de la ville de Lyon, que des Provinces voiſines; & dans lequel ſont pareillement reçus les Soldats malades ou bleſſés, & toutes ſortes d'Etrangers, auxquels on donne les nourritures & médicaments néceſſaires pour les ſecourir, de même que grand nombre d'Enfants expoſés: ladite Requête tendante à ce qu'il plût à SON ALTESSE ROYALE d'accorder aux Pauvres de ladite Maiſon, l'exemption & franchiſe des droits de Péages, tant par eau que par terre, qui lui appartiennent dans l'étendue de ſa Baronnie de Beaujolois, & qui ſont partie de ſes Domaines; notamment de ceux de Mont-bellet, & Belleville, pour toutes leurs denrées & proviſions: Vu ladite Requête, Ouï le Raport du Sieur BAILLE, Conſeiller au Conſeil de SON ALTESSE ROYALE, Intendant de ſes Maiſons, Domaines & Finances. SON

ALTESSE ROYALE, en son Conseil , ayant égard à ladite Requête , voulant favorablement traiter les Pauvres dudit Hôtel-Dieu de la ville de Lyon , & desirant contribuer à l'avantage que le Public retire de cette Maison , a ordonné & ordonne, que toutes les Denrées & Provisions destinées pour icelle , qui passeront au devant des Bureaux où se perçoivent les droits de Péage , tant par eau que par terre , qui appartiennent à SON ALTESSE ROYALE dans l'étendue de sa Baronnie de Beaujolois , notamment de ceux de Montbellet & Belleville, seront & demeureront exemptes & franches de tous lesdits droits de Péage , à la vue des Passeports qui en seront donnés par lesdits Recteurs & Administrateurs , & à la charge par eux d'obliger les Marchands, Pourvoyeurs, Voituriers ou Conducteurs, de rapporter dans lesdits Bureaux, trois semaines après que lesdites Denrées ou Provisions auront passé au devant desdits Bureaux, un Certificat signé des Sieurs Recteurs & Administrateurs, comme lesdites Provisions & Denrées ont été remises dans les Magasins ou Greniers de ladite Maison de l'Hôtel-Dieu , à défaut de quoi lesdits Marchands , Pourvoyeurs, Voituriers ou Conducteurs seront sujets à la répétition , aux amendes & confiscation portées par les Réglemens & Lettres - Patentes sur le fait des Péages : Ordonne en outre SON ALTESSE ROYALE , que le présent résultat sera enrégistré à la Chambre du Trésor de Ville-Franche, pour y avoir recours en tant que de besoin. FAIT au Conseil de SON ALTESSE ROYALE, tenu pour ses Finances. A Paris , le vingt - neuvieme jour de Juillet , mil sept cent vingt-deux. *Signé*, GIRON.

A R R E S T

DE LA COUR DE PARLEMENT,

PORTANT que tous les Seigneurs Hauts-Justiciers seront tenus de satisfaire à la dépense & nourriture des Enfants dont les Peres & Meres seront inconnus, qui se trouveront exposés au dedans de leurs Terres, dequoi les Hôpitaux demeureront déchargés.

SUR ce que le Procureur Général du Roi a remontré à la Cour, qu'encore que la dépense pour la nourriture des Enfants exposés, dont les peres & les meres sont inconnus, soit à la charge des Seigneurs Hauts-Justiciers, dans la Haute-Justice desquels ils sont trouvés, néanmoins beaucoup desdits Haut-Justiciers tâchent à s'en décharger & la rejetter sur les Hôpitaux des lieux établis au dedans de leurs Terres, & par ainsi font porter aux Pauvres une dépense de laquelle ils ne sont tenus ; ce qui apporte un préjudice notable, & diminue le revenu affecté à la nourriture desdits Pauvres, empêche qu'ils ne puissent être secourus, & que l'on ne puisse recevoir auxdits Hôpitaux de si grand nombre desdits Pauvres qu'il seroit fait, cessant ladite dépense ; A quoi il requeroit être pourvû : La matiere mise en délibération ; LA COUR A ORDONNÉ ET ORDONNE, que tous les Seigneurs Hauts-Justiciers seront tenus de satisfaire à la dépense & nourriture des Enfants dont les peres & meres seront inconnus, qui se trouveront exposés au dedans de leurs Terres, de laquelle les Hôpitaux des Pauvres établis auxdites Terres ou proche d'icelles, demeureront déchargés ; & en cas que lesdits Enfants, ainsi exposés, y soient portés & nourris, ORDONNE qu'à la diligence du Substitut du Procureur Général, ou des Procureurs Fiscaux desdits lieux, lesdits Hauts-Justiciers seront sommés de fournir à la dépense desdits Enfants; autrement, & à faute de ce, que par ceux qui auront soin de la dépense des Pauvres desdits Hôpitaux , il sera fait un état séparé de la dépense desdits Enfants, lequel sera arrêté par eux & les Administrateurs desdits Hôpitaux , sur lequel sera , à la diligence desdits Substituts ou Procureurs Fiscaux de chacun desdits lieux, de trois mois en trois mois, délivré exécutoire contre lesdits Seigneurs Hauts-Justiciers, de la somme à laquelle se montera la dépense faite pendant lesdits trois mois pour la nourriture desdits Enfants trouvés; au payement de laquelle lesdits Hauts-Justiciers , même leurs Fermiers, feront , à la diligence desdits Administrateurs , contraints par toutes voies dues & raisonnables , nonobstant toutes avances qu'il pourroient prétendre avoir faites , & toutes saisies faites ou à faire, & par préférence à toutes dettes, auxquels Fermiers déduction sera faite de la somme qu'ils auront payée pour raison de ce, sur le prix de leur Bail, si d'ailleurs ils n'en sont chargés. Et à cette fin, sera le présent Arrêt lu & publiée ès Bailliages & Sénéchauffées du Ressort, à la diligence des Substituts du Procureur Général, qui feront tenus d'en certifier la Cour au mois, & de tenir la main à l'exécution , à peine d'en répondre en leurs noms. FAIT en Parlement, le troisieme Septembre mil six cent soixante-sept.

Signé, ROBERT.

LETTRES PATENTES

DE S. A. S. MONSEIGNEUR LE PRINCE DE DOMBES,

En faveur de l'Hôpital général de Notre-Dame de Pitié du Pont du Rhône & grand Hôtel-Dieu de Lyon.

Du Mois d'Octobre mil sept cent cinquante-six.

LOUIS CHARLES, par la grace de Dieu, Prince Souverain de Dombes, à Tous présents & à venir, SALUT. Les Recteurs & Administrateurs de l'Hôpital général du Pont du Rhône & grand Hôtel-Dieu de la Ville de Lyon, Nous ont fait représenter que les secours infinis que les Pauvres malades & blessés de tout le Royaume, même des Pays étrangers, trouvent dans cette Maison, leur a fait accorder par les Rois de France & plusieurs Princes & Seigneurs l'exemption de tous Droits de Péage qui se perçoivent dans l'étendue de leur Domaine, sur toutes especes de denrées & marchandises destinées à l'usage des Pauvres, & en conséquence nous auroient fait supplier d'accorder aux Pauvres de leur Hôpital, la même exemption pour les Droits de Péage qui se levent à notre profit tant par eau que par terre dans notre Souveraineté, & nous étant fait rendre compte des secours que nos Sujets reçoivent dans ledit Hôpital, nous aurions été informés que l'administration de cette Maison est si parfaite qu'elle

E e

n'a pu être imitée julques à préfent dans aucune Ville du Monde, que les Recteurs auxquels elle eft confiée s'en acquittent avec un zele & une charité au-deſſus des plus grands éloges, & qu'indépendamment des lecours que trouvent dans cette fainte Maiſon les Malades de toute Nation, ceux de nos Sujets qui s'y préfentent, y font reçus, foit en cas de maladie ou d'opérations importantes, que même l'on reçoit les Enfants expofés ou delaiſſés dans la Dombes, qui y demeurent jufques à l'âge de fept ans; il nous a paru jufte de contribuer au foulagement des depenfes d'un Etabliſſement auſſi utile aux Pauvres, & en particulier à ceux de notre Domination. A ces Causes, voulant feconder le zele & la charité defdits Sieurs Adminiftrateurs envers les Pauvres & les indemnifer en partie, des fecours qu'ils donnent gratuitement à nos Sujets, & dont nous avons une parfaite connoiſſance. De l'avis de notre Conſeil, qui a vu les preuves de ce que deſſus, & de notre certaine Science, pleine Puiſſance & Autorité Souveraine; Nous avons par ces préfentes fignées de notre main, accordé & accordons à perpétuité audit Hôpital général & grand Hôtel-Dieu de la Ville de Lyon, l'affranchiſſement & exemption des Droits de Péage qui fe levent ou fe leveront à notre profit par eau & par terre, tant dans notre Ville de Trevoux que dans toute l'étendue de notre Souveraineté pour le paſſage & tranſport des denrées, vivres, proviſions & marchandiſes deftinées à l'ufage & confommation des Pauvres & Domeftiques dudit Hôpital, jufques à concurrence de

la somme de trois cents trente livres seulement, à laquelle
nous avons réduit & fixé lesdites exemption & affranchis-
sement pour chaque année; à l'effet de quoi, Voulons & Ordonnons que, pendant le cours du bail général des revenus
de notre dite Souveraineté du vingt-deux Septembre mil
sept cent cinquante-cinq, dont la jouissance commencera
au premier Janvier prochain, il soit payé annuellement
par notre Fermier général ou ses Cautions, en deniers
comptant, au Trésorier dudit Hôpital sur sa simple
quittance, ladite somme de trois cents trente livres,
& ce à commencer le premier payement au mois de
Décembre mil sept cent cinquante-sept, & successivement
d'année en année, tant que ledit bail durera, sauf à
Nous, après l'expiration dudit bail, à être pris à cet
égard tels arrengements & donné tels ordres que nous
jugerons convenir pour faire payer ladite somme de trois
cents trente livres, de laquelle il sera tenu compte à notre
dit Fermier ou ses Cautions, sur le prix de son bail, en
raportant par chacun an, la quittance dudit Sieur Tresorier
de l'Hôpital, visée de deux desdits Sieurs Administrateurs
avec copie collationnée des Présentes pour une fois
seulement; au moyen duquel payement de ladite somme
de trois cents trente livres, la perception des Droits de
Péages continuera à être faite par nos Receveurs &
Fermiers ainsi que par le passé, le tout néanmoins sous
la condition expresse que lesdits Sieurs Administrateurs
feront célébrer à perpétuité dans l'Eglise dudit Hôpital
deux Messes basses par chaque mois de l'année, l'une

E e ij

pour les Princes Souverains de Dombes vivants, & l'autre
pour le repos des ames des Princes décédés, la Fondation
desquelles Messes sera inscrite & inserée dans les Regiftres
des Fondations dudit Hôpital avec l'expreffion du motif
pour lequel elles font fondées, qui eft l'exemption accordée
par ces Préfentes, desquelles infcription & enregiftrement
lefdits Adminiftrateurs remettront un extrait figné d'eux
& de leur Secretaire, à notre Procureur général, & ils
en envoieront un pareil, au Secretariat de notre Confeil
Souverain; Si Donnons en mandement à nos amés &
féaux Confeillers, les Gens tenant notre Cour de Parlement,
à Trevoux, que ces Préfentes ils faffent regiftrer, garder,
obferver & entretenir felon leur forme & teneur, à la
diligence de notre Procureur général, auquel nous
enjoignons d'y tenir la main. CAR TEL EST NOTRE
PLAISIR. Et, afin que ce foit chofe ferme & ftable à
toujours, nous avons fait mettre notre fcel à ces Préfentes.
Donné à Fontainebleau, au mois d'Octobre, l'an de
grace mil fept cent cinquante-fix, & de notre Souveraineté
le deuxieme. *Signé*, LOUIS CHARLES. *Et fur le replis*,
Par Son Alteffe Séréniffime, *Signé*, DUTOUR. *Vifa* pour
exemption en faveur de l'Hôpital général du Pont du
Rhône, des Droirs de Péage de Dombes, jufques à
concurrence de la fomme de 330 liv.

Signé, DUTOUR-WLLIARD.

ENREGISTREMENT DES LETTRES - PATENTES
accordées par S. A. S. Monseigneur le Prince de Dombes
à l'Hôpital général & grand Hôtel - Dieu de Lyon.

Extrait des Regiſtres de la Cour du Parlement de Dombes.

VU PAR LA COUR le Requiſitoire du Procureur général
en icelle, contenant que Son Alteſſe Séréniſſime
avoit accordé á l'Hôpital général du Pont du Rhône &
grand Hôtel-Dieu de la Ville de Lyon, des Lettres-Patentes
portant exemption des Droits de Péage en Dombes ſur
les Proviſions dudit Hôpital, juſqu'à concurrence de la
ſomme de trois cents trente livres ſeulement par chacun
an à perpétuité, leſquelles Lettres - Patentes qui ſont du
mois d'Octobre dernier, devoient être regiſtrées à la
diligence dudit Procureur général qui requerroit à ce qu'il
fût ordonné que leſdites Lettres ſignées LOUIS CHARLES,
& ſur le replis : par Son Alteſſe Séréniſſime, Dutour,
duement ſcellées en cire verte, ſeroient regiſtrées ès Regiſtres de la Cour pour être exécutées ſuivant leur forme &
teneur, & que la Délibération du Bureau dudit Hôpital
ſeroit regiſtrée à la ſuite deſdites Lettres-Patentes, ledit
Requiſitoire en datte du jour d'hier, *Signé*, DEYRIOUX
DE MESSIMY. Oui le raport de Mᵉ. Claude-Marie Dupré
de la Surange, Conſeiller en ladite Cour, Commiſſaire
en cette Partie; tout conſidéré,

LA COUR a ordonné & ordonne que les Lettres-
Patentes accordées par Son Alteſſe Séréniſſime au mois

d'Octobre dernier ; portant exemption des Droits de Péage, en Dombes, ſur les Proviſions de l'Hôpital général du Pont du Rhône & grand Hôtel - Dieu de la Ville de Lyon, juſqu'à concurrence de la ſomme de trois cents trente livres ſeulement par chacun an, á perpétuité, ſeront regiſtrées ès Regiſtres de la Cour pour être exécutées ſuivant leur forme & teneur, comme ainſi que la Délibération du Bureau dudit Hôpital, en datte du quatorze du préſent mois, ſera pareillement regiſtrée à la ſuite deſdites Lettres-Patentes. Donné en Parlement à Trevoux le Mardi trentieme Novembre mil ſept cent cinquante-ſix.

Par la Cour, *Signé* DELAGENESTE. *Scellé à Trevoux le premier Décembre mil ſept cent cinquante - ſix.*

Signé, DUPRE' DE LA SURANGE.